中国国家汉办规划教材
体验汉语系列教材

www.chinesexp.com.cn

体验汉语 德语版
Chinesisch erleben

生活篇
Leben in China

40~50课时

Alltagssprache mit 100 Sätzen

顾　问　刘　珣
总策划　刘　援
编　者　朱晓星　岳建玲
　　　　吕宇红　褚佩如

中外语言交流合作中心赠
Donated by Center for Language Education and Cooperation

高等教育出版社
Higher Education Press

《体验汉语®》立体化系列教材

教材规划委员会：

　　　　　　许　琳　　曹国兴　　刘　辉　　刘志鹏
　　　　　　马箭飞　　宋永波　　邱立国　　刘　援

短期课程系列：

　　　　　《体验汉语®生活篇（40~50课时）》（德语版）

　　　　　顾　　　问　刘　珣
　　　　　总　策　划　刘　援
　　　　　编　　　者　朱晓星　丘建玲　吕宇红　褚佩如
　　　　　德语翻译　Christine Kyburz
　　　　　德语审订　李昌珂

　　　　　策　　　划　徐群森
　　　　　责任编辑　徐群森　时晓
　　　　　版式设计　孙　伟
　　　　　插图设计　徐群森
　　　　　插图绘制　刘　艳
　　　　　插图选配　徐群森　金飞飞
　　　　　封面设计　周　末
　　　　　责任校对　徐群森　鞠　慧
　　　　　责任印制　田　甜

前　言

《体验汉语·生活篇（40～50课时）》德语版是专为初学汉语的德国人编写的汉语教材，适用于短期学习汉语的成人学员。既可以供短期班使用，也适用于一对一单人教学。

本书根据体验式教学理念和任务型教学思想而设计，以基本生活需要为依据，以实用的交际任务为编写主线，注重听说技能的培养。全书由一个语音训练单元（2～4学时）和12个学习单元（3～4学时／单元）组成，总教学时间约为40～50学时。

教材基本结构

一、语音训练

针对短期学生的特点，语音学习主要集中在"语音训练"内进行。另外，在每个单元还选取一些重点词语进行发音比较练习。

二、12个学习单元

我们根据外国学生在中国生活的基本需要，选取最实用的交际任务，组成了本书的12个单元。每个单元由学习目标、热身、词语、句子、会话和活动构成。

会话短小实用，语言材料力求真实、自然、鲜活。语言难点以德文注释的形式加以解释。

课堂活动体现了体验式教学的特点，既有传统的练习形式，又有实践性很强的任务型练习。

教材主要特色

针对成人学生学习时间有限、但自主学习能力强的特点，本教材在编写上采用了一些具有特色的形式：

每个单元分为两部分，均由学习内容和活动组成，即学即练，不仅方便教学，而且能增强学生的成就感。

"热身"是进入每一单元的第一步，以图片配词语的方式引导学生进入新的任务单元。既可以挖掘学生已知信息，又为后面的句型和对话演练做准备。

在"活动"中，学生可以根据自己的情况自主选择，这是成人自主学习理念在教材设计中的一个尝试。

我们特地设计了听对话练习，注重学与练之后的实际操作，重点培养学生听的能力。"认汉字"部分选取的都是日常生活中经常出现的汉字。对于短期学生来说，识读身边常见的汉字更具有实用价值。"你知道吗？"旨在挖掘语言中存在的中外差异，增强学生对汉语的理解。

教材的版式设计和插图融合了中国文化和现代都市生活的趣味，特别针对成人学习者的欣赏习惯而设计，并且采用了大量的实景摄影照片，是"体验汉语"理念的重要体现。编者谨向高等教育出版社在教材插图和版式设计等方面的创造性工作致以衷心的感谢。

教材由"北京外交人员语言文化中心"的教师在多年教学实践和研究的基础上编写而成，真诚欢迎您对本书提出宝贵意见和建议。

编　者
2005年11月

Vorwort

<Chinesisch erleben - Chinesisch im Alltag> (40–50 Unterrichtsstunden). Ein Lehrwerk für Erwachsene. Geeignet für Anfänger in Einzel-, Partner- oder Gruppenkursen.

Dieses Lehrwerk vermittelt moderne chinesische Umgangssprache und fördert insbesondere das Hören und Sprechen. Jede Einheit hat ein bestimmtes Lernziel.

Das Lehrwerk enthält einen Phonetikteil (2–4 UE) und 12 Einheiten (je 3–4 UE) für insgesamt ca. 40–50 Unterrichtsstunden.

Aufbau des Lehrwerks:

1. Phonetik

Ein Schwerpunkt für alle Sprachlerner ist die Phonetik. Die Phonetik wird in jeder Einheit anhand wichtiger Ausdrücke der chinesischen Sprache trainiert.

2. 12 Einheiten

Die 12 Einheiten sind von den am häufigsten gebrauchten Redemitteln der chinesischen Umgangssprache orientiert. Jede Einheit besteht aus folgenden Teilen: Lernziel, Einführung, Vokabular, Sätze, Dialoge und Aktivitäten.

In kurzen Dialogen werden die gebräuchlichen modernen Redemittel eingeführt. Die Einführungen werden bei bestimmten Schwerpunkten durch deutsche Erklärung ergänzt.

Die Unterrichtsaktivitäten sind nicht nur an traditionellen Übungsformen orientiert, sondern vermitteln praxisorientierte Redemittel für den Alltag in China.

Besonderheiten dieses Lehrwerks:

Um den Anforderungen erwachsener Lerner zu entsprechen, enthält das Lehrwerk folgende Besonderheiten:

Jede Einheit besteht aus zwei Teilen. In jedem Teil werden sprachliche Phänomene und Wortschatz vorgestellt, die anschließend in geeigneten Übungen und Lernaktivitäten gefestigt werden. Auf diese Weise wird das Erfolgserlebnis des Lerners verstärkt.

Jede Einheit beginnt mit einer Einführung. Anhand von Bildern wird das Vorwissen der Lerner zum folgenden neuen Lehrstoff aktiv.

Unter dem Titel Aktivitäten werden verschiedene Übungsformen angeboten, die der Lerner seinen Bedürfnissen entsprechend variieren kann.

Um die Hör- und Sprechfähigkeit des Lerners zu trainieren und zu verbessern, bietet das Lehrwerk in jeder Einheit Dialoge zum Hören und Nachsprechen an.

Die im Lehrwerk vorgestellten und im Alltag häufig benutzten chinesischen Schriftzeichen sind auch für Kurzzeit-Lerner von großer Bedeutung und oft eine große Hilfe im Alltag.

Unter der Rubrik „Wussten Sie, dass....?" erhält der Lerner wichtige Informationen über Kultur und Lebensgewohnheiten in China, sowie über Besonderheiten der chinesischen Sprachverwendung.

Die vielen lebensnahen Abbildungen und Texte dieses Lehrwerks entsprechen dem heutigen modernen

Chinesisch und die Themen sind besonders für erwachsene Lerner von großem Interesse.

Die Herausgeber dieses Lehrwerkes möchten dem Verlag für „Higher Education" für die hervorragende Illustration und das Layout des Lehrwerks ihren herzlichsten Dank aussprechen. Dieses Lehrwerk wurde von Professoren des „Pekinger Diplomatischen Sprach- und Kulturzentrums" nach langen Unterrichtserfahrungen und Forschungsarbeiten erstellt. Wir freuen uns auf weitere wertvolle Bemerkungen und Vorschläge von Ihnen.

Redakteur
November 2005

目 录 / Inhaltsverzeichnis

	学习目标 / Lernziel	
语音训练 / Ausspracheübungen	• Anlaute, Auslaute und Töne des chinesischen Pinyins • Grundwissen der Intonation und Übungen der Töne	1
Einheit 1 你好！ Guten Tag!	• Fragen und Antworten • sich vorstellen	5
Einheit 2 现在几点？ Wie spät ist es?	• die Zeit / die Uhrzeit	18
Einheit 3 那件毛衣怎么卖？ Wie viel kostet der Pullover?	• Nach dem Preis fragen / chinesische Währungen • Preise verhandeln • Kaufwünsche äußern (Größe, Farbe, Form, etc.)	29
Einheit 4 要一个宫保鸡丁 Ich möchte Hühnerfleisch mit Erdnüssen bitte	• im Restaurant bestellen, Wünsche äußern, bezahlen	45
Einheit 5 你在哪儿工作？ Wo arbeiten Sie?	• Fragen stellen zu: Familie, Beruf und Alter	56
Einheit 6 卡特琳在吗？ Ist Katherin da?	• Redemittel am Telefon	68

Einheit 7
一直走
Immer geradeaus

- Nach dem Weg fragen / den Weg zeigen　79

Einheit 8
你的新家在哪儿？
Wo ist deine neue Wohnung?

- Ortsangaben machen. Wo? / Wohin?　91
- Dinge lokalisieren

Einheit 9
你怎么了？
Was ist los mit dir?

- Nach dem Gesundheitszustand fragen /　104
  über die Gesundheit sprechen
- Körperteile benennen

Einheit 10
你会修电脑吗？
Kannst du Computer reparieren?

- über Fähigkeiten und Hobbys sprechen　115

Einheit 11
太冷了！
Zu kalt!

- lokales Klima und Wetter beschreiben　129

Einheit 12
请把桌子擦一下儿
Bitte wisch den Tisch ab!

- Redemittel im Haushalt　140

语言注释 / Sprachliche Anmerkungen　153
录音文本 / Transkriptionen zu den Hörtexten　155
词汇表 / Vokabelliste　157
日常生活用语一百句 / Alltagssprache mit 100 Sätzen　168

Yǔyīn   xùnliàn

语音 训练

Aussprachübungen

学习目标 / Lernziel

- 学会汉语拼音的声母、韵母和声调 / Anlaute, Auslaute und Töne des chinesischen Pinyins
- 拼读和声调练习 / Grundwissen der Intonation und Übungen der Töne

Eine chinesische Silbe besteht gewöhnlich aus einem Anlaut, einem Auslaut und einem Ton. Der Anlaut ist der Konsonant am Anfang der Silbe, der Auslaut ist der Rest der Silbe. Beim Erlernen der chinesischen Aussprache müssen zuerst diese drei Komponente gelernt werden.

 声母和韵母 / Anlaute und Auslaute

声母 / Anlaute

b p m f   d t n l   g k h   j q x   zh ch sh r   z c s

韵母 / Auslaute

	i	u	ü
a	ia	ua	
o		uo	
e	ie		üe
ai		uai	
ei		uei (ui)	
ao	iao		
ou	iou (iu)		
an	ian	uan	üan
en	in	uen (un)	ün
ang	iang	uang	
eng	ing	ueng	
ong	iong		

语音训练

注释 / Anmerkung

1. Wenn „i" eine eigene Silbe bildet, wird diese „yi" geschrieben. Wenn „i" am Anfang der Silbe steht, schreibt man „y". Zum Beispiel
   e.g. i—yi ia-ya ian—yan

2. Wenn „u" eine eigene Silbe bildet, wird diese „wu" geschrieben. Wenn „u" am Anfang einer Silbe steht, schreibt man „w". Zum Beispiel
   e.g. u—wu ua—wa uan—wan

3. Wenn „ü" eine eigene Silbe bildet oder am Anfang einer Silbe steht, schreibt man „yu", ohne Umlaut.
   e.g. ü—yu üan—yuan ün—yun üe—yue

4. Wenn „j", „q", „x" vor einem „ü" oder einem Auslaut mit „ü" stehen, wird der Umlaut weggelassen. Zum Beispiel
   e.g. jü — ju qüan — quan xüe — xue

拼读练习 / Aussprache Übungen

1. 单韵母音节 Die Auslaute mit einem Buchstaben

ba	pa	ma	fa	da	ta	na	la	ga	ka	ha		
bo	po	mo	fo	de	te	ne	le	ge	ke	he		
bi	pi	mi		di	ti	ni	li					
bu	pu	mu	fu	du	tu	nu	lu				nü	lü

2. 复韵母音节 Die Auslaute mit 2 oder mehr Buchstaben

gai	gei	gao	gou	gua	guo	guai	gui		lia	lie	liao	liu	lüe
kai	kei	kao	kou	kua	kuo	kuai	kui			nie	niao	niu	nüe
hai	hei	hao	hou	hua	huo	huai	hui						

3. 鼻韵母音节 Die Auslaute mit nasalen Endungen

ban	ben	bang	beng		pan	pen	pang	peng		
man	men	mang	meng		fan	fen	fang	feng		
dan		dang	deng	dong	tan		tang	teng	tong	
nan		nang	neng	nong	lan		lang	leng	long	luan	nuan
bin	bing	pin	ping		min	ming		lin	ling		nin	ning

4. 声母是 j、q、x 的音节 Anlaute mit den Buchstaben j、q、x

| ji | qi | xi | ju | qu | xu | jue | que | xue |
| jin | jing | | jian | jiang | | qian | qiang | | xian | xiang |

5. 声母是 zh、ch、sh、r 和 z、c、s 的音节 Silben mit den Anlauten zh、ch、sh、r und z、c、s

zhi	chi	shi	ri	zi	ci	si
zhe	che	she	re	ze	ce	se
zhan	chan	shan	ran	zan	can	san
zhang	chang	shang	rang	zong	cong	song

6. y、w 开头的音节 Silben mit den Anfangsbuchstaben y、w

| yi | wu | yu | | wa | wo | wai | wei | | wan | wen | wang | weng |
| yin | ying | yan | yang | | yun | yuan | yong |

 声调 / Töne

In der chinesischen Standardsprache gibt es 4 Grundtöne und einen neutralen Ton. Sie werden mit Tonzeichen markiert, nämlich "ˉ" (erster Ton), "ˊ" (zweiter Ton), "ˇ" (dritter Ton), "ˋ" (vierter Ton), der neutrale Ton wird nicht markiert. Wenn eine Silbe mit einem anderen Ton ausgesprochen wird, bekommt sie eine andere Bedeutung. Zum Beispiel tāng bedeutet „Suppe", táng bedeutet „Zucker", tǎng bedeutet „liegen" und tàng bedeutet „heiß" oder „bügeln".

Tabelle der Töne

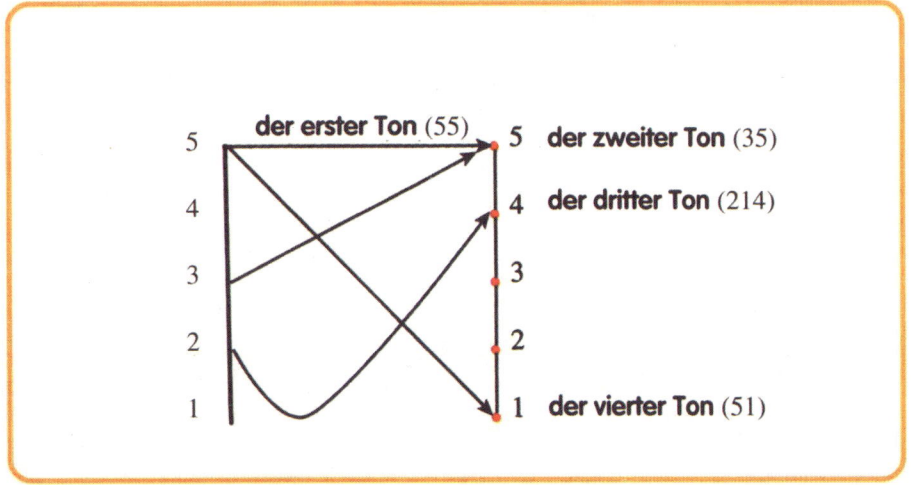

语音训练 ▶▶▶

声调练习 / Übungen zu den Tönen

1. 基本声调练习。
   Die 4 Grundtöne

mā	má	mǎ	mà
gē	gé	gě	gè
hāo	háo	hǎo	hào
qiān	qián	qiǎn	qiàn

2. 当两个第三声音节连在一起时，第一个要读成第二声。例如 nǐhǎo → níhǎo。请跟读下列词语。
   Wenn zwei 3. Töne aufeinander folgen, dann wird der erste 3. Ton als 2. Ton ausgesprochen, während der zweite 3. Ton unverändert bleibt. Zum Beispiel: nǐhǎo → níhǎo. Lesen Sie bitte die folgenden Wörter!

   hěnhǎo   yǔfǎ   fǔdǎo   suǒyǒu

3. 第三声字在第一、二、四和轻声前边时，要变成"半三声"。也就是只读原来第三声的前一半降调。例如：nǐmen → nǐmen。请跟读下列词语。
   Wenn nach dem dritten Ton ein erster, vierter oder neutraler Ton folgt, dann wird nur der „halbe" dritte Ton gelesen, d.h. man liest den Ton nur nach unten, aber nicht mehr steigend. Zum Beispiel: nǐmen → nǐmen. Lesen Sie bitte die folgenden Wörter!

Běijīng	kǎoyā	Měiguó	lǚxíng
wǎnfàn	kěpà	xǐhuan	jiějie

4. 轻声读得又短又轻。跟读下列词语。
   Der neutrale Ton ist kurz und ohne Betonung. Lesen Sie bitte die folgenden Wörter!

māma	gēge	yéye	zhízi
nǎinai	jiějie	dìdi	mèimei

第 **1** 单元

Nǐ hǎo
你 好！
Guten Tag!

学习目标 / **Lernziel**
- 学会问候的基本表达用语 / Fragen und Antworten
- 学会介绍自己的姓名、国籍 / sich vorstellen

你好!

热身 Einführung

你好！王 小姐。
Nǐ hǎo! Wāng xiǎojiě.

你好！李 先生。
Nǐ hǎo! Lǐ xiānsheng.

你好吗?
Nǐ hǎo ma?

我 很 好。
Wǒ hěn hǎo.

第一部分

生词 Vokabular

1. nǐ 你 du
2. hǎo 好 gut
3. nín 您 Sie
4. guì xìng 贵姓 Ihr Familienname
5. wǒ 我 ich
6. xìng 姓 mein Familienname
7. jiào 叫 heißen

第 1 单元

句子　Sätze

1. Guten Tag.
2. Wie heißen Sie?
3. Mein Familienname ist Song und mein Vorname ist Lili.

会 话　Dialoge

Song Lili: Guten Tag!
Katherin: Guten Tag!
Song Lili: Wie ist Ihr Familienname?
Katherin: Mein Familienname ist Weiss und mein Vorname ist Katherin. Und Sie? Wie heißen Sie?
Song Lili: Mein Familienname ist Song und mein Vorname ist Lili.

你 好!

宋丽丽：你 好!
Sòng Lìli: Nǐ hǎo!

卡特琳：你 好!
Kǎtèlín: Nǐ hǎo!

宋丽丽：您 贵 姓?
Sòng Lìli: Nín guì xìng?

卡特琳：我 姓 魏斯，叫 卡特琳。
Kǎtèlín: Wǒ xìng Wèisī, jiào Kǎtèlín.
　　　　您 贵 姓?
　　　　Nín guì xìng?

宋丽丽：我 姓 宋，叫 宋丽丽。
Sòng Lìli: Wǒ xìng Sòng, jiào Sòng Lìli.

注释

您贵姓 "您" bedeutet Sie, und ist die höfliche, formelle Anrede. Die Höflichkeitsform wird bei formellen Anlässen oder bei der Anrede einer älteren Person benutzt.

第 1 单元

活动 Aktivitäten

语音练习 Phonetik

nǐ —— nín
wǒ —— tā
xiānsheng —— xiǎojiě
nǐ hǎo —— nín guì xìng

问与答 Fragen und Antworten

你好!
Nǐ hǎo!

您贵姓?
Nín guì xìng?

我姓宋,叫宋丽丽。
Wǒ xìng Sòng, jiāo Sòng Lìli.

学数字 Zahlen

一 yī	二 èr
三 sān	四 sì
五 wǔ	六 liù
七 qī	八 bā
九 jiǔ	

你好！▶▶▶

零	líng	十	shí
十一	shíyī	十二	shí'èr
十三	shísān	十四	shísì
十九	shíjiǔ	二十	èrshí
二十一	èrshíyī	三十	sānshí
三十一	sānshíyī	九十九	jiǔshíjiǔ
一百	yìbǎi		

第二部分

生词　Vokabular

- nǎ 哪 — welche (welcher/welches) — 9
- bù 不 — nicht — 8
- Yīngguórén 英国人 — Brite / Britin — 7
- Yīngguó 英国 — Großbritannien — 6
- shì 是 — sein — 5
- yě 也 — auch — 4
- ne 呢 — eine Aussage als Frage formuliert zurück geben — 3
- guó 国 — Land — 10
- rén 人 — Personen — 11
- Měiguó 美国 — Amerika — 12
- Měiguórén 美国人 — Amerikaner/in — 13
- ma 吗 — Fragewort — 1
- hěn 很 — sehr — 2

10

第 1 单元

句子　Sätze

您是英国人吗？
Nín shì Yīngguórén ma?

你好吗？
Nǐ hǎo ma?

我很好。
Wǒ hěn hǎo.

你呢？
Nǐ ne?

您是哪国人？
Nín shì nǎ guó rén?

1. Wie geht es Ihnen / dir? Wie geht es?
2. Es geht mir sehr gut. / Sehr gut.
3. Und Ihnen? / Und dir?
4. Sind Sie Brite? / Sind Sie Britin?
5. Woher kommen Sie?

会话　Dialoge

马丁： 你好吗²？
Mǎdīng: Nǐ hǎo ma?

张华： 我很好。你呢³？
Zhāng Huá: Wǒ hěn hǎo. Nǐ ne?

马丁： 我也很好。
Mǎdīng: Wǒ yě hěn hǎo.

张华： 你是英国人吗？
Zhāng Huá: Nǐ shì Yīngguórén ma?

马丁： 不⁴是。
Mǎdīng: Bú shì.

张华： 你是哪国人？
Zhāng Huá: Nǐ shì nǎ guó rén?

马丁： 我是美国人。
Mǎdīng: Wǒ shì Měiguórén.

注释

吗 "吗" wird am häufigsten benutzt, um eine Frage als solche zu markieren. "吗" steht immer am Ende des Fragesatzes.

呢 "呢" bedeutet soviel wie „Und du?" Oder „Und Sie". "呢" vertritt also einen Fragesatz, wenn der Inhalt der Frage schon von einer anwesenden Person beantwortet wurde und damit klar ist.

不 "不" ist eine Negation und wird vor den verneinenden Ausdruck gestellt.

你好!

Martin: Geht es Ihnen / dir gut?
Zhang Hua: Es geht mir sehr gut, danke. Und Ihnen / Und dir?
Martin: Mir auch, danke.
Zhang Hua: Sind Sie Brite?/ Bist du Brite?
Martin: Nein.
Zhang Hua: Woher kommen Sie?/ Woher kommst du?
Martin: Ich komme aus Amerika.

活动 Aktivitäten

问与答
Fragen und Antworten

1. 中国 Zhōngguó
   中国人 Zhōngguórén

2. 德国 Déguó
   德国人 Déguórén

3. 日本 Rìběn
   日本人 Rìběnrén

4. 法国 Fǎguó
   法国人 Fǎguórén

5. 西班牙 Xībānyá
   西班牙人 Xībānyárén

第 1 单元

你 好 吗?
Nǐ hǎo ma?

你 是 英国人 吗?
Nǐ shì Yīngguórén ma?

你 是 哪 国 人?
Nǐ shì nǎ guó rén?

我 是 中国人。
Wǒ shì Zhōngguórén.

练一练
Üben

1. 把下面的句子变成带"吗"的疑问句。
Schreiben Sie foldende Sätze als Frage

例: 你 好。  你 好 吗?
lì: Nǐ hǎo. Nǐ hǎo ma?

a. 我 姓 宋。
　 Wǒ xìng Sòng.

b. 他 叫 张 华。
　 Tā jiào Zhāng Huá.

c. 我 是 德国人。
　 Wǒ shì Déguórén.

13

2. 请用"不"改写下面的句子。
   Schreiben Sie folgende Sätze mit der Negation „bu"

   例：我 姓 张。　　→　　我 不 姓 张。
   lì: Wǒ xìng Zhāng.　　Wǒ bú xìng Zhāng.

   a. 我 姓 马。
      Wǒ xìng Mǎ.
   b. 我 叫 张 力。
      Wǒ jiào Zhāng Lì.
   c. 我 是 中国人。
      Wǒ shì Zhōngguórén.

3. 用"也"改写下面的句子。
   Schreiben Sie folgende Sätze mit „ye"

   例：我 姓 马。　　→　　我 也 姓 马。
   lì: Wǒ xìng Mǎ.　　Wǒ yě xìng Mǎ.

   a. 我 很 好。
      Wǒ hěn hǎo.
   b. 我 是 中国人。
      Wǒ shì Zhōngguórén.
   c. 我 不 姓 王。
      Wǒ bú xìng Wáng.

读一读然后连线
Lesen: Was passt zusammen

你好!	Bú kèqi.	Guten Tag!
谢谢!	Zàijiàn!	Danke!
不客气。	Méi guānxi.	Bitte.
对不起。	Nǐ hǎo!	Entschuldigung.
没关系。	Duìbuqǐ.	Macht nichts.
再见!	Xièxie!	Auf Wiedersehen!

第 1 单元

请找出相对应的礼貌用语。
Was passt zusammen?

你 好！ nǐ hǎo!	没 关系。 méi guānxi.
对不起！ duìbuqǐ!	你 好！ nǐ hǎo!
再见！ zàijiàn!	不 客气。 bú kèqi.
谢谢！ xièxie!	再见！ zàijiàn!

听录音选择正确答案
Hörübungen: Wählen Sie die richtige Antwort

1. a. 你 好！
    Nǐ hǎo!

   b. 我 很 好。
    Wǒ hěn hǎo.

   c. 你好 吗？
    Nǐ hǎo ma?

2. a. 我 贵 姓 马。
    Wǒ guì xìng Mǎ.

   b. 我 姓 马。
    Wǒ xìng Mǎ.

   c. 您 贵 姓？
    Nín guì xìng?

认汉字
Chinesische Schriftzeichen

nǐ hǎo
Guten Tag

huānyíng
Willkommen

15

你 好! ▶▶▶

你知道吗？

Wussten Sie, dass...?

中国人的姓名一般以两个字或三个字最为常见，一般第一个字是姓，后边的是名。中国人常用姓加上称谓来称呼别人，如"李小姐、王先生"等。据最新的调查显示，现在中国人使用最多的十个姓是李、王、张、刘、陈、杨、赵、黄、周、吴。

Chinesische Namen bestehen meist aus zwei oder drei Schriftzeichen. Das erste Zeichen ist der Familienname, der Vorname steht hinten. Chinesen benutzen zur Anrede meist an erster Stelle den Familienname gefolgt von „Fräulein", „Frau" oder „Herr", z.B. „Li Fräulein". Die 10 häufigsten Familiennamen in China sind: Li, Wang, Zhang, Liu, Chen, Yang, Zhao, Huang, Zhou und Wu.

补充词语表 Ergänzungen zum Vokabular

零	líng	null
一	yī	eins
二	èr	zwei
三	sān	drei
四	sì	vier
五	wǔ	fünf
六	liù	sechs
七	qī	sieben
八	bā	acht
九	jiǔ	neun
十	shí	zehn

第 1 单元

十一	shíyī	elf
十二	shí'èr	zwölf
十三	shísān	dreizehn
十四	shísì	vierzehn
十九	shíjiǔ	neunzehn
二十一	èrshíyī	einundzwanzig
三十	sānshí	dreißig
三十一	sānshíyī	einunddreißig
九十九	jiǔshíjiǔ	neunundneunzig
一百	yìbǎi	hundert

他	tā	er
小姐	xiǎojiě	Fräulein
先生	xiānsheng	Herr
谢谢	xièxie	Danke
不客气	bú kèqi	Bitte (nach dem Dank)
对不起	duìbuqǐ	Entschuldigung
没关系	méi guānxi	Das macht nichts
再见	zàijiàn	Auf Wiedersehen

法国	Fǎguó	Frankreich
法国人	Fǎguórén	Franzose / Französin
德国	Déguó	Deutschland
德国人	Déguórén	Deutsche
中国	Zhōngguó	China
中国人	Zhōngguórén	Chinese / Chinesin
日本	Rìběn	Japan
日本人	Rìběnrén	Japaner / Japanerin
西班牙	Xībānyá	Spanien
西班牙人	Xībānyárén	Spanier / Spanierin

第 2 单元

Xiànzài jǐ diǎn?
现在 几 点?
Wie spät ist es?

学习目标 / Lernziel
- 学会时间、日期的表达 / die Zeit / die Uhrzeit

第 2 单元

热身　Einführung

八　点
bā diǎn

八　点　零　五 (分)
bā diǎn líng wǔ (fēn)

八　点　十五 (分)
bā diǎn shí wǔ (fēn)

八　点　一　刻
bā diǎn yí kè

八　点　半
bā diǎn bàn

八　点　四十五 (分)
bā diǎn sìshíwǔ (fēn)

八　点　三　刻
bā diǎn sān kè

八　点　五十五 (分)
bā diǎn wǔshíwǔ (fēn)

差　五　分　九　点
chà wǔ fēn jiǔ diǎn

第一部分

生词　Vokabular

3
diǎn
点
Uhr

4
bàn
半
halb

5
huí
回
zurückkommen

6
jiā
家
nach Hause

2
jǐ
几
wieviel

1
xiànzài
现在
jetzt

现在几点？

句子 Sätze

1. 现在 几点？
   Xiànzài jǐ diǎn?
2. 我七点回家。
   Wǒ qī diǎn huí jiā.

1. Wieviel Uhr ist es jetzt? Wie spät ist es jetzt?
2. Ich komme / gehe um sieben Uhr nach Hause.

会话 Dialoge

Song Lili: Wie spät ist es jetzt?
Zhang Hua: Es ist jetzt halb sieben (Uhr).
Song Lili: Wann kommst du nach Hause?
Zhang Hua: Ich komme um sieben Uhr nach Hause. Und du?
Song Lili: Ich komme um halb acht nach Hause.

宋丽丽： 现在几点?
Sòng Lìli: Xiànzài jǐ diǎn?

张 华： 现在六点半。
Zhāng Huá: Xiànzài liù diǎn bàn.

宋丽丽： 你几点回家?
Sòng Lìli: Nǐ jǐ diǎn huí jiā?

张 华： 我七点回家。你呢?
Zhāng Huá: Wǒ qī diǎn huí jiā. Nǐ ne?

宋丽丽： 我七点半回家。
Sòng Lìli: Wǒ qī diǎn bàn huí jiā.

现在几点？▶▶▶

活动　Aktivitäten

 语音练习
Phonetik

jǐ diǎn	——	qī diǎn
jīntiān	——	jīnnián
xīngqī	——	xìngqù
qù	——	chī

 看图完成对话
Ergänzen Sie den Dialog

▶ 现在　几点？
　Xiànzài jǐ diǎn?

▶ 现在＿＿＿。
　Xiànzài ＿＿＿.

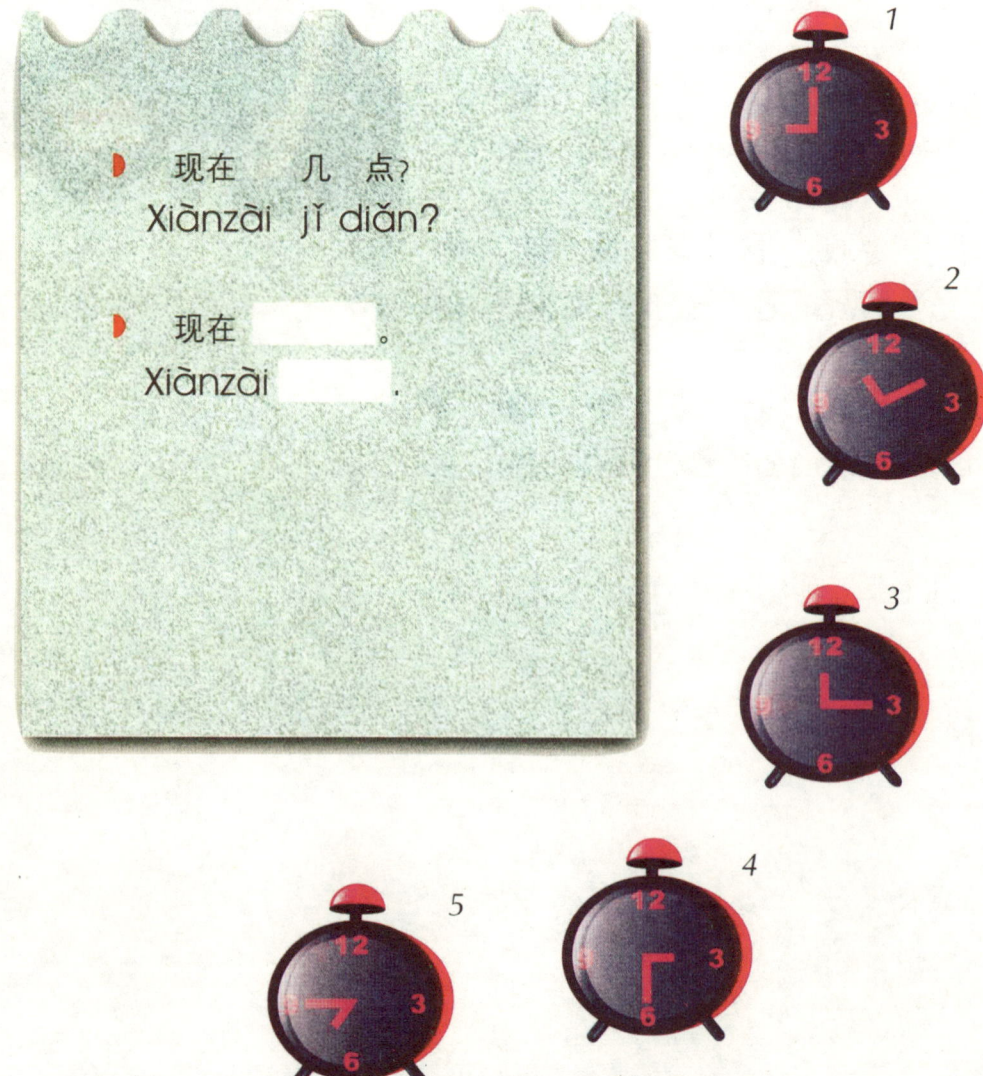

第 2 单元

 学词语说时间
Zeitangaben

| 早上 | 上午 | 中午 | 下午 | 晚上 |
| zǎoshang | shàngwǔ | zhōngwǔ | xiàwǔ | wǎnshang |

例： 早上　　六　点
lì：zǎoshang　liù　diǎn

bù hǎo
hǎo hǎo

 替换练习
Transferübungen

▸ 你 几 点 回 家？
　Nǐ jǐ diǎn huí jiā?

▸ 我 八 点 回 家。
　Wǒ bā diǎn huí jiā.

上班
shàngbān

下班
xiàbān

吃 晚饭
chī wǎnfàn

睡觉
shuìjiào

现在几点？

第二部分

生词 Vokabular

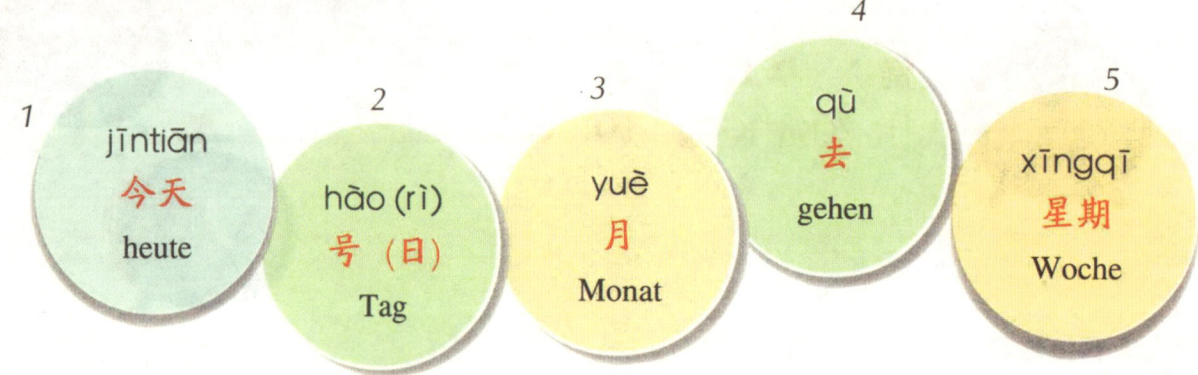

1. jīntiān 今天 heute
2. hào (rì) 号（日）Tag
3. yuè 月 Monat
4. qù 去 gehen
5. xīngqī 星期 Woche

句子 Sätze

1. 今天几号？
   Jīntiān jǐ hào?
2. 今天八月八号。
   Jīntiān bā yuè bā hào.
3. 十三号是星期几？
   Shísān hào shì xīngqī jǐ?

1. Welcher Tag ist heute? / Der wievielte ist heute?
2. Heute ist der achte August.
3. Was für ein Tag ist der dreizehnte?

会 话 Dialoge

马丁： 今天 几 号？
Mǎdīng: Jīntiān jǐ hào?

宋丽丽： 今天 八 月 八 号。
Sòng Lìli: Jīntiān bā yuè bā hào.

马丁： 你 几 号 去 上海？
Mǎdīng: Nǐ jǐ hào qù Shànghǎi?

宋丽丽： 我 十 号 去 上海，十三 号 回 北京。
Sòng Lìli: Wǒ shí hào qù Shànghǎi, shísān hào huí Běijīng.

马丁： 十三 号 是 星期 几？
Mǎdīng: Shísān hào shì xīngqī jǐ?

宋丽丽： 十三 号 是 星期五。
Sòng Lìli: Shísān hào shì xīngqīwǔ.

Martin:	Der wievielte ist heute?
Song Lili:	Heute ist der 8. August.
Martin:	Am wievielten gehst du nach Shanghai?
Song Lili:	Ich gehe am zehnten nach Shanghai und komme am dreizehnten wieder nach Beijing zurück.
Martin:	Was für ein Tag ist der dreizehnte?
Song Lili:	Der dreizehnte ist ein Freitag.

现在几点？

 **活动** Aktivitäten

读一读然后连线
Lesen: Was passt zusammen

1. 今天 几号?
   Jīntiān jǐ hào?

2. 现在 几点?
   Xiànzài jǐ diǎn?

3. 你 几点 上班?
   Nǐ jǐ diǎn shàngbān?

4. 今天 星期 几?
   Jīntiān xīngqī jǐ?

a. 现在 十二 点。
   Xiànzài shí'èr diǎn.

b. 今天 星期三。
   Jīntiān xīngqīsān.

c. 今天 七 月 十四 号。
   Jīntiān qī yuè shísì hào.

d. 我 九 点 上班。
   Wǒ jiǔ diǎn shàngbān.

 **替换练习**
Transferübungen

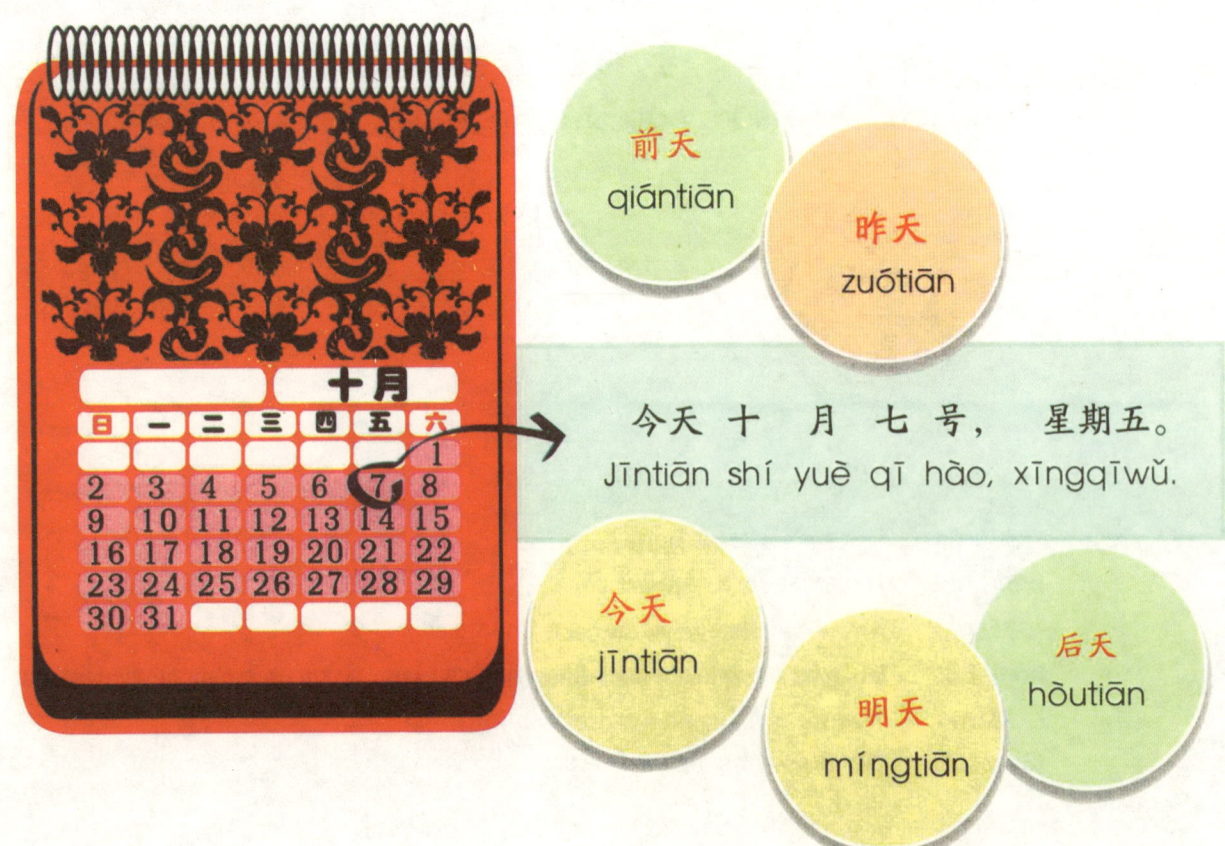

今天 十 月 七 号，星期五。
Jīntiān shí yuè qī hào, xīngqīwǔ.

前天 qiántiān
昨天 zuótiān
今天 jīntiān
明天 míngtiān
后天 hòutiān

第 2 单元

把下面的词按正确的顺序排列成句
Bilden Sie richtige Sätze

1. 星期　你　回　几　国
   xīngqī nǐ huí jǐ guó

2. 广州　去　八　我　号
   Guǎngzhōu qù bā wǒ hào

听录音选择正确答案
Hörübungen: Wählen Sie die richtige Antwort

1. a. 卡特琳　今天　下午　去　朋友　家。
      Kǎtèlín jīntiān xiàwǔ qù péngyou jiā.
   b. 卡特琳　明天　下午　去　朋友　家。
      Kǎtèlín míngtiān xiàwǔ qù péngyou jiā.

2. a. 马丁　六点　一　刻　吃　晚饭。
      Mǎdīng liù diǎn yí kè chī wǎnfàn.
   b. 马丁　七点　吃　晚饭。
      Mǎdīng qī diǎn chī wǎnfàn.

认汉字
Chinesische Schriftzeichen

bàngōng shíjiān
Bürostunden

yíngyè shíjiān
Öffnungszeiten

现在几点？▶▶▶

你知道吗？

Wussten Sie, dass...?

中文的时间排列顺序通常是从大到小，顺序为：年、月、日、星期、上午、点、分。比如：2004年11月18日星期四上午10点05分。

Die Zeitangaben stehen im Chinesischen in folgender Reihenfolge: Jahr - Monat - Tag / Wochentag - Tageszeit - Stunde - Minuten z. B. 2004. 11. 18. Donnerstag Vormittag um 10 Uhr 05.

补充词语表 Ergänzungen zum Vokabular

上班	shàngbān	zur Arbeit gehen
下班	xiàbān	Feierabend machen
吃	chī	essen
晚饭	wǎnfàn	das Abendessen
睡觉	shuìjiào	schlafen

早上	zǎoshang	der Morgen
上午	shàngwǔ	der Vormittag
中午	zhōngwǔ	der Mittag
下午	xiàwǔ	der Nachmittag
晚上	wǎnshang	der Abend

前天	qiántiān	vorgestern
昨天	zuótiān	gestern
明天	míngtiān	morgen
后天	hòutiān	übermorgen
朋友	péngyou	der Freund / die Freundin

分	fēn	die Minute
刻	kè	die Viertelstunde / ein Viertel
差	chà	vor

第 3 单元

Nà jiàn máoyī zěnme mài?
那 件 毛衣 怎么 卖?

Wie viel kostet der Pullover?

- 学习目标 / Lernziel
- 询问价钱及钱的表达 / Nach dem Preis Fragen / chinesische Währungen
- 讨价还价 / Preise verhandeln
- 提出对所买东西大小、颜色等具体要求 / Kaufwünsche äußern (Größe, Farbe, Form, etc.)

那件毛衣怎么卖？▶▶▶

热身　Einführung

一百块
yìbǎi kuài

五十块
wǔshí kuài

二十块
èrshí kuài

十块
shí kuài

五块
wǔ kuài

两块
liǎng kuài

一块
yí kuài

五毛
wǔ máo

两毛
liǎng máo

一毛
yì máo

五分
wǔ fēn

二分 / 两分
èr fēn / liǎng fēn

一分
yì fēn

第一部分

生词　Vokabular

5. qián 钱 das Geld

4. duōshao 多少 wie viel

3. píngguǒ 苹果 der Apfel

2. shénme 什么 was

1. mǎi 买 kaufen

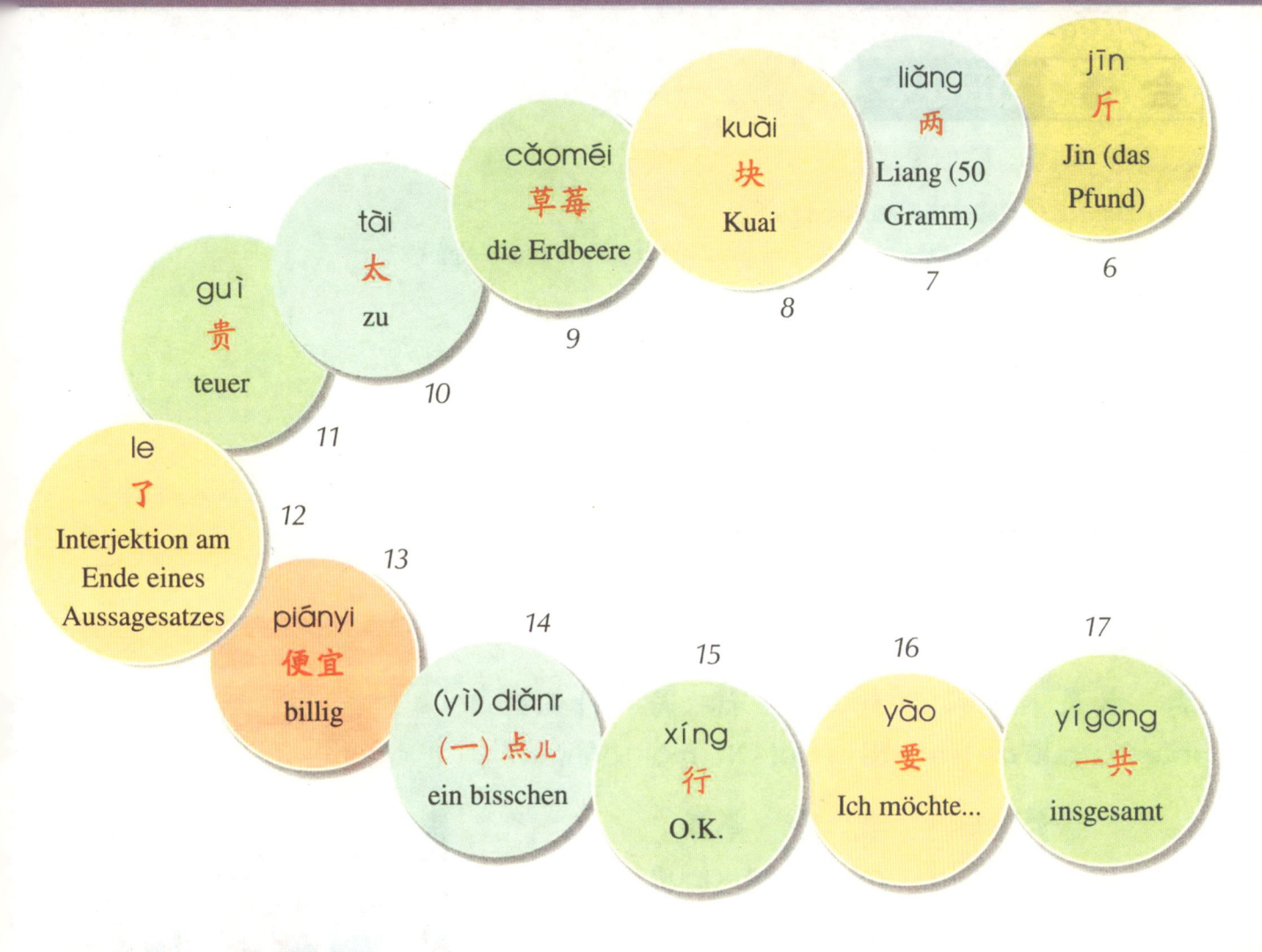

第 3 单元

6. jīn 斤 — Jin (das Pfund)
7. liǎng 两 — Liang (50 Gramm)
8. kuài 块 — Kuai
9. cǎoméi 草莓 — die Erdbeere
10. tài 太 — zu
11. guì 贵 — teuer
12. le 了 — Interjektion am Ende eines Aussagesatzes
13. piányi 便宜 — billig
14. (yì) diǎnr (一)点儿 — ein bisschen
15. xíng 行 — O.K.
16. yào 要 — Ich möchte...
17. yígòng 一共 — insgesamt

句子 **Sätze**

1. 苹果 多少 钱 一斤?
   Píngguǒ duōshao qián yì jīn?

2. 便宜 点儿, 行 吗?
   Piányi diǎnr, xíng ma?

1. Wie viel kostet ein Pfund Äpfel?
2. Das ist zu teuer. Geht es nicht billiger?

31

那件毛衣怎么卖？

会话 Dialoge

(Katherin kauft auf dem Markt Obst)

Obstverkäufer: Hallo! Was möchten Sie?
Katherin: Ich möchte Äpfel kaufen. Wie viel kostet ein Pfund Äpfel?
Obstverkäufer: Zwei Kaui fünfzig ein Pfund.
Katherin: Und die Erdbeeren?
Obstverkäufer: Zehn Kuai ein Pfund.
Katherin: Das ist zu teuer. Geht es nicht billiger?
Obstverkäufer: Na gut, acht Kuai. Wie viel möchten Sie?
Katherin: Ich möchte drei Pfund Äpfel und ein Pfund Erdbeeren. Wie viel macht das insgesamt?
Obstverkäufer: Das macht fünfzehn Kuai fünf Mao.

（卡特琳在自由市场买水果。）

卖 水果 的 人： 你 好！ 你 买 什么？
mài shuǐguǒ de rén: Nǐ hǎo! Nǐ mǎi shénme?

卡特琳： 我 买 苹果。
Kǎtèlín: Wǒ mǎi píngguǒ.

多少 钱 一 斤？
Duōshao qián yì jīn?

卖 水果 的 人： 两[5] 块 五 一 斤。
mài shuǐguǒ de rén: Liǎng kuài wǔ yì jīn.

卡特琳： 草莓 呢？
Kǎtèlín: Cǎoméi ne?

卖 水果 的 人： 十 块 一 斤。
mài shuǐguǒ de rén: Shí kuài yì jīn.

卡特琳： 太 贵 了， 便宜 点儿，
Kǎtèlín: Tài guì le, piányi diǎnr,

行 吗？
xíng ma?

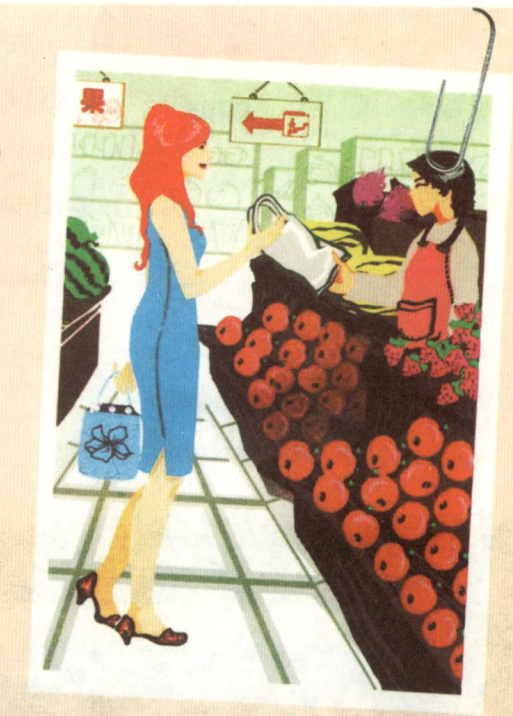

注释

两[5] Die chinesischen Zeichen „两" und „二" bedeuten beide „2". Wenn 2 als Mengenangabe für Sachen, Personen oder Ereignisse benutzt wird, schreibt man „两". Bei Ordinal- und Kardinalzahlen benutzt man „二".

卖 水果 的人：八 块。要 多少？
mài shuǐguǒ de rén: Bā kuài. Yào duōshao?

卡特琳：苹果 要 三 斤，草莓 要 一 斤。
Kǎtèlín: Píngguǒ yào sān jīn, cǎoméi yào yì jīn.
一共 多少 钱？
Yígòng duōshao qián?

卖 水果 的人：十五 块 五。
mài shuǐguǒ de rén: Shíwǔ kuài wǔ.

活 动 Aktivitäten

语音练习
Phonetik

píngguǒ —— bīng pí
duōshao —— tài xiǎo
cǎoméi —— zǎo huí
tài guì le —— tài kuī le

那件毛衣怎么卖？

看图完成对话
Ergänzen Sie den Dialog

啤酒
píjiǔ

▸ 你买 什么？
Nǐ mǎi shénme?

▸ _____。

可口可乐
kěkǒukělè

面包
miànbāo

牛奶
niúnǎi

▸ 苹果 多少 钱 一 斤？
Píngguǒ duōshao qián yì jīn?

▸ _____。

橙子 6.80
chéngzi

荔枝 15.00
lìzhī

葡萄 4.50
pútáo

第 3 单元

▶ 要 多少？
Yào duōshao?

▶ 苹果 要 三 斤，草莓 要 一 斤，
Píngguǒ yào sān jīn, cǎoméi yào yì jīn,
一共 多少 钱？
Yígòng duōshao qián?

▶ 十五 块 五。
Shíwǔ kuài wǔ.

huánggua 黄瓜

西红柿 10.50
xīhóngshì

洋葱 8.60　　西兰花　　蘑菇 7.30
yāngcōng　　xīlánhuā　　mógu

胡萝卜
húluóbo

角色扮演
Rollenspiel

两人一组。
一人扮演顾客，一人扮演卖东西的。

Partnerarbeit: Person 1 spielt den Obstverkäufer, Person 2 spielt den Kunden.

那件毛衣怎么卖？

第二部分

生词　Vokabular

1. nǎ 那 — dort / jene
2. jiàn 件 — Zählwort Kleider
3. máoyī 毛衣 — der Pullover
4. zěnme 怎么 — wie
5. mài 卖 — verkaufen
6. yǒu 有 — haben
7. hóng 红 — rot
8. de 的 — Hilfswort
9. shì 试 — probieren
10. zhè 这 — diese-
11. xiǎo 小 — klein
12. dà 大 — groß

句子　Sätze

1. 有 红 的 吗?
   Yǒu hóng de ma?

2. 这件 毛衣 太小 了，有 大 的 吗?
   Zhè jiàn máoyī tài xiǎo le, yǒu dà de ma?

1. Haben Sie den auch in rot?
2. Dieser Pullover ist zu klein, haben Sie den größer?

第 3 单元

会话 Dialoge

（卡特琳在一个市场里买毛衣。）

卡特琳： 那 件⁶ 毛衣 怎么 卖？
Kǎtèlín: Nà jiàn máoyī zěnme mài?

卖衣服的人： 两百 八。
mài yīfu de rén: Liǎngbǎi bā.

卡特琳： 有 红 的⁷ 吗?
Kǎtèlín: Yǒu hóng de ma?

卖衣服的人： 有。
mài yīfu de rén: Yǒu.

卡特琳： 我 试试，行 吗？
Kǎtèlín: Wǒ shìshi, xíng ma?

卖衣服的人： 行。
mài yīfu de rén: Xíng.

卡特琳： 这件 毛衣 太 小 了，有 大 的 吗?
Kǎtèlín: Zhè jiàn máoyī tài xiǎo le, yǒu dà de ma?

卖衣服的人： 你 试试⁸ 这 件。
mài yīfu de rén: Nǐ shìshi zhè jiàn.

卡特琳： 这件 很 好。
Kǎtèlín: Zhè jiàn hěn hǎo.

注释

件⁶ "件" ist das Zählwort für Kleidungsstücke. Im modernen Chinesisch werden Mengenangaben zusammen mit einem Zählwort vor das Nomen gestellt. Verschiedene Dinge bedürfen jedoch verschiednen Zählwörtern. Das häufigste Zählwort ist "个".

的⁷ "的" wird nach Nomen, Verben, Adjektiven sowie nach Personalpronomen und Possessivartikeln benutzt, um eine attributive Verbindung mit dem danach stehenden Wort herzustellen. "的" markiert und verbindet die Zusammengehörigkeit zweier Dinge, Personen bzw. Ereignisse.

试试⁸ "试试 shishi" ist die wiederholende Form des Verbs „versuchen / ausprobieren". Im Chinesischen können einige Verben wiederholt werden, um den Tonfall etwas abzuschwächen oder um den Zeitaufwand als kurz und den Arbeitsaufwand als klein auszudrücken.

那件毛衣怎么卖？▶▶▶

(Katherin kauft auf dem Markt einen Pullover)

Katherin: Wie viel kostet der Pullover dort?
Verkäufer: 280 Yuan.
Katherin: Haben Sie den auch in rot?
Verkäufer: Ja.
Katherin: Kann ich den anprobieren?
Verkäufer: Ja.
Katherin: Dieser Pullover ist zu klein, haben sie den auch größer?
Verkäufer: Probieren Sie doch den hier!
Katherin: Der ist sehr gut.

活动 Aktivitäten

读一读然后连线
Lesen: Was passt zusammen

1. 你买什么？
   Nǐ mǎi shénme?

2. 苹果多少钱一斤？
   Píngguǒ duōshao qián yì jīn?

3. 毛衣怎么卖？
   Máoyī zěnme mài?

4. 你买多少？
   Nǐ mǎi duōshao?

5. 一共多少钱？
   Yígòng duōshao qián?

a. 三十八块五。
   Sānshíbā kuài wǔ.

b. 我买三斤。
   Wǒ mǎi sān jīn.

c. 我买草莓。
   Wǒ mǎi cǎoméi.

d. 三块五一斤。
   Sān kuài wǔ yì jīn.

e. 二百六。
   Èrbǎi liù.

第 3 单元

看图说句子
Bilden Sie Sätze zum Bild

红 hóng
黑 hēi
黄 huáng
绿 lǜ
白 bái
蓝 lán
灰 huī

有 红 的 吗?
Yǒu hóng de ma?

黑
hēi

灰
huī

黄
huáng

39

那件毛衣怎么卖？▶▶▶

这 件 毛衣 太 小 了，
Zhè jiàn máoyī tài xiǎo le

有 大 一点儿 的 吗？
Yǒu dà yìdiǎnr de ma?

长 cháng
短 duǎn
条 裤子 tiáo kùzi

肥 féi
瘦 shòu
套 西服 tào xīfú

厚 hòu
薄 báo
件 夹克 jiàn jiākè

看图说句子

Bilden Sie Sätze zum Bild

假如你参加如下活动，你会穿什么样的衣服去？
Was ziehen Sie sich an?

1. 公司的新年晚会
   Zur Neujahrsparty in der Firma

第 3 单元

2. 周末和家人爬长城
Zum Familienausflug zur Großen Mauer

▶ 我 穿……
Wǒ chuān

牛仔裤
niúzǎikù

皮鞋
píxié

西服
xīfú

T恤
T xù

衬衫
chènshān

套裙
tàoqún

旅游鞋
lǚyóuxié

听录音选择正确答案
Hörübungen: Wählen Sie die richtige Antwort

1. 1) 他 买 什么?
　　Tā mǎi shénme?
　　a. 苹果　　　　　b. 草莓
　　　píngguǒ　　　　　cǎoméi

那件毛衣怎么卖？

2) 多少 钱 一 斤？
   Duōshao qián yì jīn?

   a. 十块　　　　　b. 十五 块
      shí kuài　　　　 shíwǔ kuài

3) 他 买 几 斤？
   Tā mǎi jǐ jīn?

   a. 一 斤　　　　　b. 七 斤
      yì jīn　　　　　 qī jīn

2. 毛衣 怎么 卖？
   Máoyī zěnme mài?

   a. 一 百 八　　　b. 三 百 八
      yìbǎi bā　　　　 sānbǎi bā

认汉字
Chinesische Schriftzeichen

商 店
shāngdiàn
das Geschäft / der Laden

shōuyíntái
收银台
die Kasse

bā zhé
20% Ermäßigung (man bezahlt nur 8 Zehntel vom Preis)

八折

第 **3** 单元

你知道吗？

Wussten Sie, dass...?

很多中国人不喜欢数字"4"，因为"4"的发音和"死"相近。可是很喜欢"8"，因为"8"的发音和"发"相近，"发"有发财、发达的意思。但是也有很多人不在乎。

Die Zahl 4 gilt in China als Unglückszahl, weil die Aussprache der Zahl 4 „si" (4) ähnlich wie „sterben" „si" (3) klingt. Die Zahl 8 hingegen gilt als Glückszahl, da 8 „ba" (1) ähnlich wie „fa" (1) klingt und „fa" soviel wie „fa (1) cai (2)" = Reichtum und „fa (1) da" (2) = Fortschritt bedeutet. Dieser Aberglaube gilt allerdings nicht für alle Chinesen!

补充词语表　Ergänzungen zum Vokabular

面包	miànbāo	das Brot
可口可乐	kěkǒukělè	die Cola
啤酒	píjiǔ	das Bier
牛奶	niúnǎi	die Milch
橙子	chéngzi	die Apfelsine / Orange
葡萄	pútáo	die Trauben
荔枝	lìzhī	die Litschi
黄瓜	huángguā	die Gurke
西红柿	xīhóngshì	die Tomate
胡萝卜	húluóbo	die Möhre
蘑菇	mógu	der Pilz
西兰花	xīlánhuā	der Broccoli
洋葱	yángcōng	die Zwiebel
毛	máo	10 chinesische Cent
分	fēn	1 chinesischer Cent

颜色	yánsè	die Farbe
绿	lǜ	grün
蓝	lán	blau
黄	huáng	gelb
黑	hēi	schwarz
白	bái	weiß
灰	huī	grau

那件毛衣怎么卖？▶▶▶

穿	chuān	anziehen
裤子	kùzi	die Hose
西服	xīfú	der Anzug
夹克	jiākè	die Jacke
牛仔裤	niúzǎikù	die Jeans
T恤	T xù	das T-Shirt
衬衫	chènshān	das Hemd
套裙	tàoqún	das Kostüm
皮鞋	píxié	die Lederschuhe
旅游鞋	lǚóuxié	die Sportschuhe / Wanderschuhe

条	tiáo	Zählwort
短	duǎn	kurz
长	cháng	lang
套	tào	Zählwort
瘦	shòu	eng
肥	féi	weit
薄	báo	dünn
厚	hòu	dick

第 4 单元

Yào yí gè gōngbǎo jīdīng

要 一 个 宫保 鸡丁

Ich möchte Hühnerfleisch mit Erdnüssen bitte

学习目标 / Lernziel
- 学会点菜、提要求、结账 / Im Restaurant bestellen, Wünsche äußern, bezahlen

要一个宫保鸡丁

热 身 Einführung

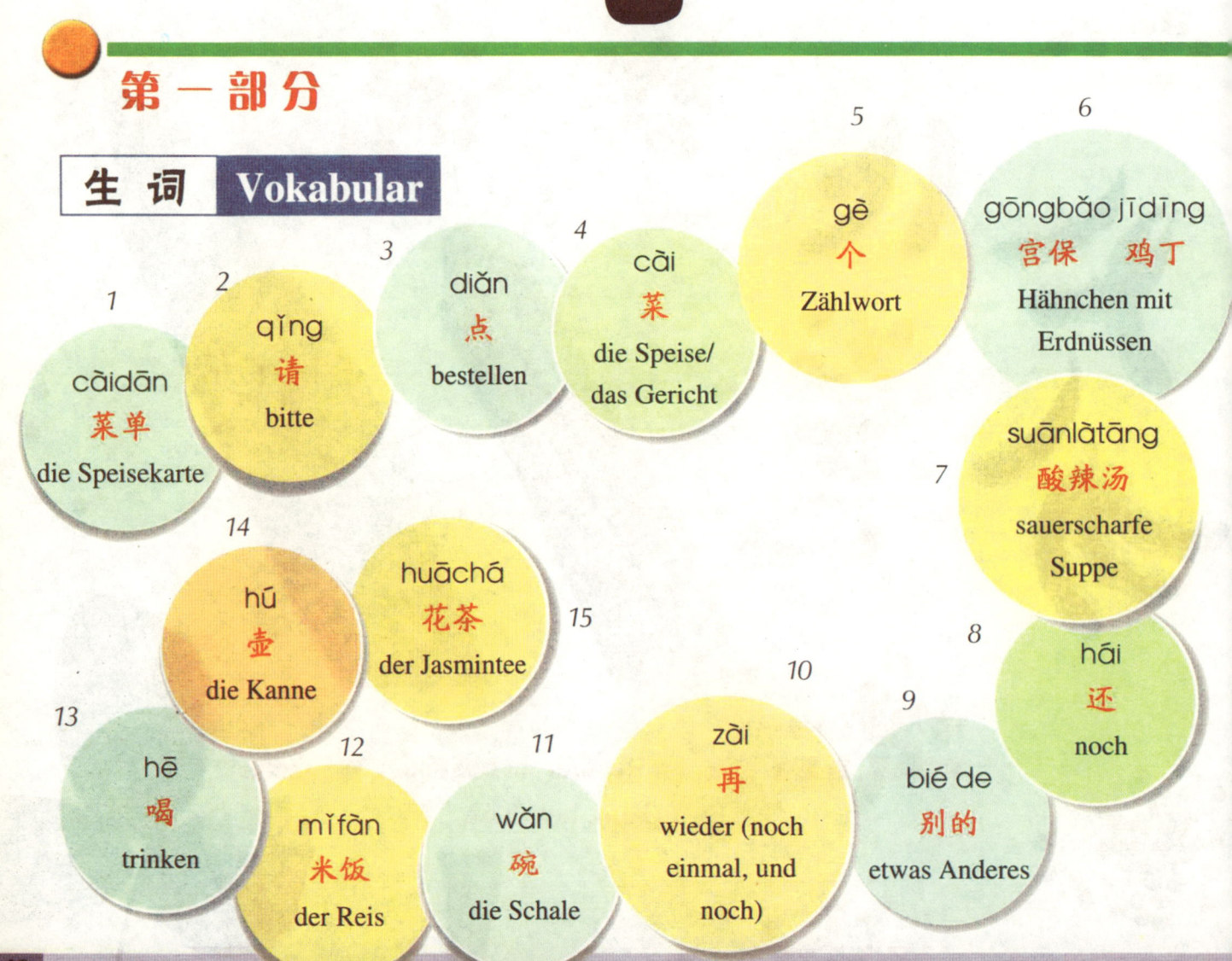

- miàntiáo 面条
- jī 鸡
- tāng 汤
- chá 茶
- kǎoyā 烤鸭
- yú 鱼
- mǐfàn 米饭
- jiǎozi 饺子

第一部分

生 词 Vokabular

1. càidān 菜单 — die Speisekarte
2. qǐng 请 — bitte
3. diǎn 点 — bestellen
4. cài 菜 — die Speise/das Gericht
5. gè 个 — Zählwort
6. gōngbǎo jīdīng 宫保鸡丁 — Hähnchen mit Erdnüssen
7. suānlàtāng 酸辣汤 — sauerscharfe Suppe
8. hái 还 — noch
9. bié de 别的 — etwas Anderes
10. zài 再 — wieder (noch einmal, und noch)
11. wǎn 碗 — die Schale
12. mǐfàn 米饭 — der Reis
13. hē 喝 — trinken
14. hú 壶 — die Kanne
15. huāchá 花茶 — der Jasmintee

第 4 单元

句子 Sätze

1. 要一个 宫保 鸡丁。
   Yào yí gè gōngbǎo jīdīng.

2. 还要别的吗?
   Hái yào bié de ma?

3. 再要一碗 米饭。
   Zài yào yì wǎn mǐfàn.

1. Ich möchte Hähnchen mit Erdnüssen, bitte.
2. Noch etwas Anderes?
3. Und noch eine Schale Reis, bitte.

会话 Dialoge

Bedienung: Hier bitte, die Speisekarte. Was möchten Sie bestellen?
Martin: Ich möchte Hähnchen mit Erdnüssen und eine sauerscharfe Suppe, bitte.
Bedienung: Noch etwas?
Martin: Und noch eine Schale Reis.
Bedienung: Was trinken Sie?
Martin: Ich möchte einen Jasmintee, bitte.

要一个宫保鸡丁

服务员： 这是 菜单，请 点菜。
fúwùyuán: Zhè shì càidān, qǐng diǎn cài.

马丁： 要一个 宫保 鸡丁，
Mǎdīng: yào yí gè gōngbǎo jīdīng,
一个 酸辣汤。
yí gè suānlàtāng.

服务员： 还 要 别 的 吗？
fúwùyuán: Hái yào bié de ma?

马丁： 再 要 一 碗 米饭。
Mǎdīng: Zài yào yì wǎn mǐfàn.

服务员： 您 喝 什么？
fúwùyuán: Nín hē shénme?

马丁： 要 一 壶 花茶。
Mǎdīng: Yào yì hú huāchá.

活 动　Aktivitäten

语音练习　Phonetik

diǎn cài ——— chūchāi
hē ——— è
bié de ——— bái de
miàntiáo ——— miànbāo

第 4 单元

替换练习
Transferübungen

例：我要一个 宫保鸡丁，再要一个 酸辣汤。
lì： Wǒ yào yí gè gōngbǎo jīdīng, zài yào yí gè suānlàtāng.

糖醋鱼	麻婆豆腐	烤鸭	炒面
tángcùyú	mápó dòufu	kǎoyā	chǎomiàn

角色扮演
Rollenspiel

大中华食府

主食

米饭（碗）
mǐfàn (wǎn)

热菜

宫保鸡丁　　麻婆豆腐
gōngbǎo jīdīng　mápó dòufu

汤

鸡蛋汤
jīdàn tāng

饮料

啤酒　　　　可乐
píjiǔ　　　　kělè

大中华食府

主食

饺子（两）　　炒面（盘）
jiǎozi (liǎng)　chǎomiàn (pán)

热菜

软炸里脊
ruǎnzhá lǐji
松鼠鳜鱼
sōngshǔ guìyú

汤

三鲜汤　　　酸辣汤
sānxiāntāng　suānlàtāng

饮料

花茶　　　　橙汁
huāchá　　　chéngzhī

要一个宫保鸡丁 ▶▶▶

在饭馆，B在点菜。
A是服务员，B是顾客。
Im Restaurant bestellen.
A = Bedienung, B = Gast

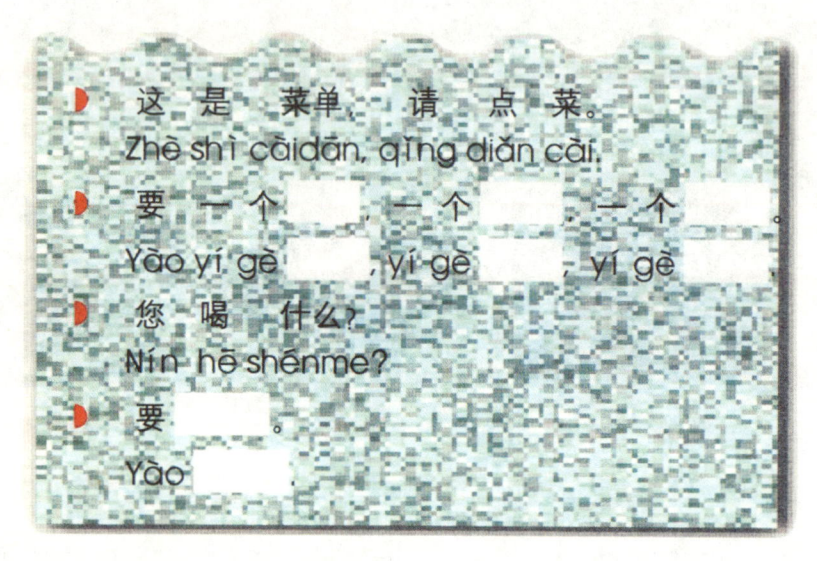

▸ 这是 菜单，请 点菜。
　Zhè shì càidān, qǐng diǎn cài.

▸ 要 一个 ☐ ，一个 ☐ ，一个 ☐ 。
　Yào yí ge ☐ , yí ge ☐ , yí ge ☐ .

▸ 您 喝 什么？
　Nín hē shénme?

▸ 要 ☐ 。
　Yào ☐ .

第二部分

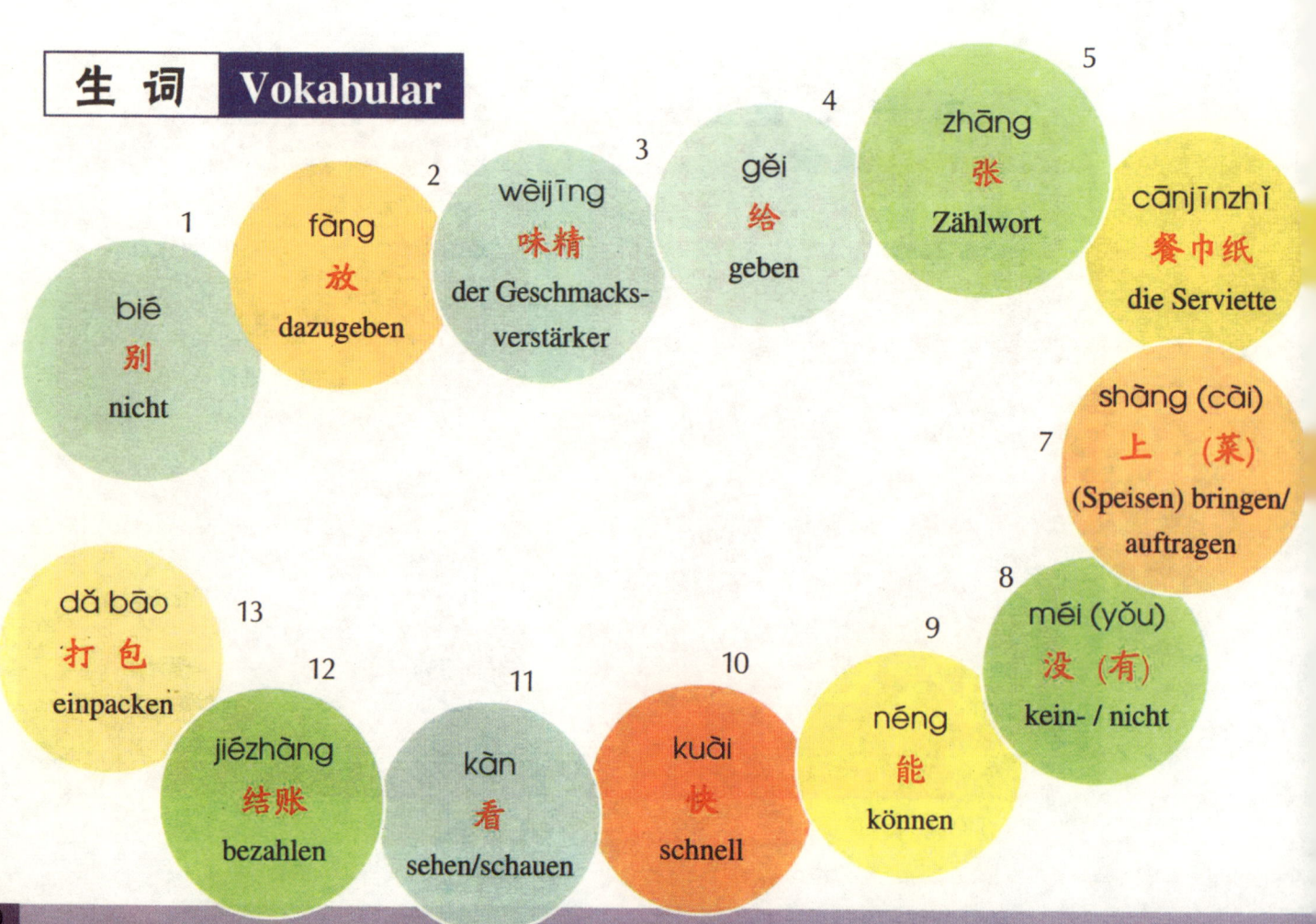

生词 Vokabular

1. bié 别 nicht
2. fàng 放 dazugeben
3. wèijīng 味精 der Geschmacksverstärker
4. gěi 给 geben
5. zhāng 张 Zählwort
6. cānjīnzhǐ 餐巾纸 die Serviette
7. shàng (cài) 上 (菜) (Speisen) bringen/auftragen
8. méi (yǒu) 没 (有) kein- / nicht
9. néng 能 können
10. kuài 快 schnell
11. kàn 看 sehen/schauen
12. jiézhàng 结账 bezahlen
13. dǎ bāo 打包 einpacken

第 4 单元

句子 Sätze

1. 请 给 我 一 张 餐巾纸。
   Qǐng gěi wǒ yì zhāng cānjīnzhǐ.

2. 别 放 味精。
   Bié fàng wèijīng.

3. 这个 菜 打包。
   Zhè gè cài dǎbāo.

1. Bringen Sie mir bitte eine Serviette!
2. Bitte geben Sie keinen Geschmacksverstärker dazu!
3. Bitte packen Sie dieses Gericht ein!

会话 Dialoge

(卡特琳点完菜了。)

卡特琳： 小姐，别 放 味精。
Kǎtèlín: Xiǎojiě, bié fàng wèijīng.

服务员： 好。
fúwùyuán: Hǎo.

卡特琳： 请 给 我 一 张 餐巾纸。
Kǎtèlín: Qǐng gěi wǒ yì zhāng cānjīnzhǐ.

服务员： 好。给您。
fúwùyuán: Hǎo. Gěi nín.

(半个小时后)

卡特琳： 小姐，我的 菜 还 没 上，能 快 点儿 吗？

要一个宫保鸡丁 ▶▶▶

Kǎtèlín: Xiǎojiě, wǒ de cài hái méi shàng, néng kuài diǎnr ma?

服务员：我去看看。
fúwùyuán: Wǒ qù kànkan.

(结账)

卡特琳：小姐，结账[10]。
Kǎtèlín: Xiǎojiě, jiézhàng.

服务员：一共 56 块。
fúwùyuán: Yígòng wǔshíliù kuài.

卡特琳：这个菜打包。
Kǎtèlín: Zhè gè cài dǎbāo.

服务员：好。
fúwùyuán: Hǎo.

注释

能快点儿吗[9] Mit "能 neng... 吗 ma?" wird eine Bitte ausgedrückt.

结账[10] Anstelle von "结账 jie zhang" kann auch der Ausdruck "买单 mai dan" benutzt werden.

(Katherin hat bestellt.)

Katherin: Geben Sie bitte keinen Geschmacksverstärker dazu!
Bedienung: Gut.
Katherin: Fräulein, bitte geben Sie mir eine Serviette!
Bedienung: Hier, bitte.

(Eine halbe Stunde später.)

Katherin: Fräulein, wo bleibt mein Essen? Beeilen Sie sich bitte!
Bedienung: Ich gehe mal schauen.

(bezahlen)

Katherin: Fräulein, bezahlen bitte!
Bedienung: Das macht insgesamt 56 Kuai.
Katherin: Packen Sie das Gericht bitte ein!
Bedienung: gut.

第 4 单元

活动 Aktivitäten

把下面的句子放在适当的图画下
Ordnen Sie den Text den Bildern zu

A B C D

结账。　　请给我一张餐巾纸。　　打包。　　别放味精。
Jiézhàng.　Qǐng gěi wǒ yì zhāng cānjīnzhǐ.　Dǎbāo.　Bié fàng wèijīng.

替换练习
Transferübungen

1　例：请给我一张餐巾纸。
　　lì：Qǐng gěi wǒ yì zhāng cānjīnzhǐ.

一个盘子
yí gè pánzi

一只碗
yì zhī wǎn

一把叉子
yì bǎ chāzi

一把勺子
yì bǎ sháozi

一把刀子
yì bǎ dāozi

一双筷子
yì shuāng kuàizi

53

要一个宫保鸡丁 ▶▶▶

2 例：别 放 味精。
lì: Bié fàng wèijīng.

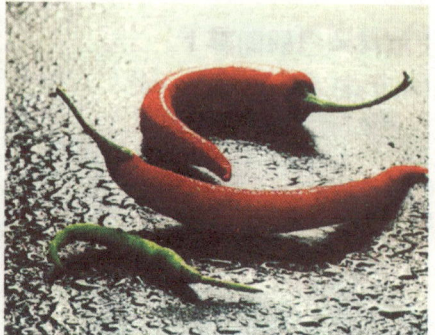

香菜
xiāngcài

辣椒
làjiāo

姜
jiāng

角色扮演
Rollenspiel

A 是顾客，B 是服务员。
A 点菜、提出要求和结账。
A = Gast, B = Bedienung
A bestellt und äußert Wünsche

听录音判断对错
Hörübungen: Kreuzen Sie an (richtig / falsch)

1. 她 要 面条。（   ）
   Tā yào miàntiáo.

2. 她 要 一 个 盘子。（   ）
   Tā yào yí gè pánzi.

认汉字
Chinesische Schriftzeichen

cāidān
菜单 die Speisekarte

Quánjùdé
全聚德
Quanjude (das bekannteste Restaurant für Peking Ente)

第 4 单元

你知道吗？

Wussten Sie, dass…?

中国八大菜系：山东菜、四川菜、广东菜、江苏菜、浙江菜、福建菜、湖南菜、安徽菜。

Die 8 Küchen Chinas: Die Shandong-Küche, Sichuan-Küche, Kanton-Küche, Jiangsu-Küche, Zhejiang-Küche, Fujian-Küche, Hunan-Küche und die Anhui-Küche.

补充词语表 Ergänzungen zum Vokabular

鱼	yú	der Fisch
面条	miàntiáo	die Nudeln
鸡	jī	das Hähnchen
烤鸭	kǎoyā	die Peking Ente
汤	tāng	die Suppe
茶	chá	der Tee
饺子	jiǎozi	die Maultaschen

把	bǎ	Zählwort
叉子	chāzi	die Gabel
勺子	sháozi	der Löffel
刀子	dāozi	das Messer

盘子	pánzi	der Teller
只	zhī	Zählwort
双	shuāng	ein Paar
筷子	kuàizi	Essstäbchen
辣椒	làjiāo	rote Paprika, Chilli
香菜	xiāngcài	der Koriander
姜	jiāng	der Ingwer

糖醋鱼	tángcùyú	süß-saurer Fisch
麻婆豆腐	mápó dòufu	scharfer Tofu
炒面	chǎomiàn	gebratene Nudeln
软炸里脊	ruǎnzhá lǐji	weich gebratenes Schweinefilet
松鼠鳜鱼	sōngshǔ guìyú	Mandarinfisch mit süß-saurer Sauce
鸡蛋汤	jīdàntāng	die Eiersuppe
三鲜汤	sānxiāntāng	Dreierlei Suppe
橙汁	chéngzhī	Orangensaft
两	liǎng	Mengenangabe (50 Gramm)
盘	pán	der Teller

第 5 单元

Nǐ zài nǎr gōngzuò?
你在哪儿工作?

Wo arbeiten Sie?

学习目标 / Lernziel
- 学会询问家庭情况、职业和年龄 / Fragen stellen zu: Familie, Beruf und Alter

第 **5** 单元

热身　Einführung

丈夫 — 妻子
zhàngfu qīzi

父亲 — 儿子
fùqīn érzi

母亲 — 女儿
mǔqīn nǚ'ér

哥哥 — 妹妹
gēge mèimei

第一部分

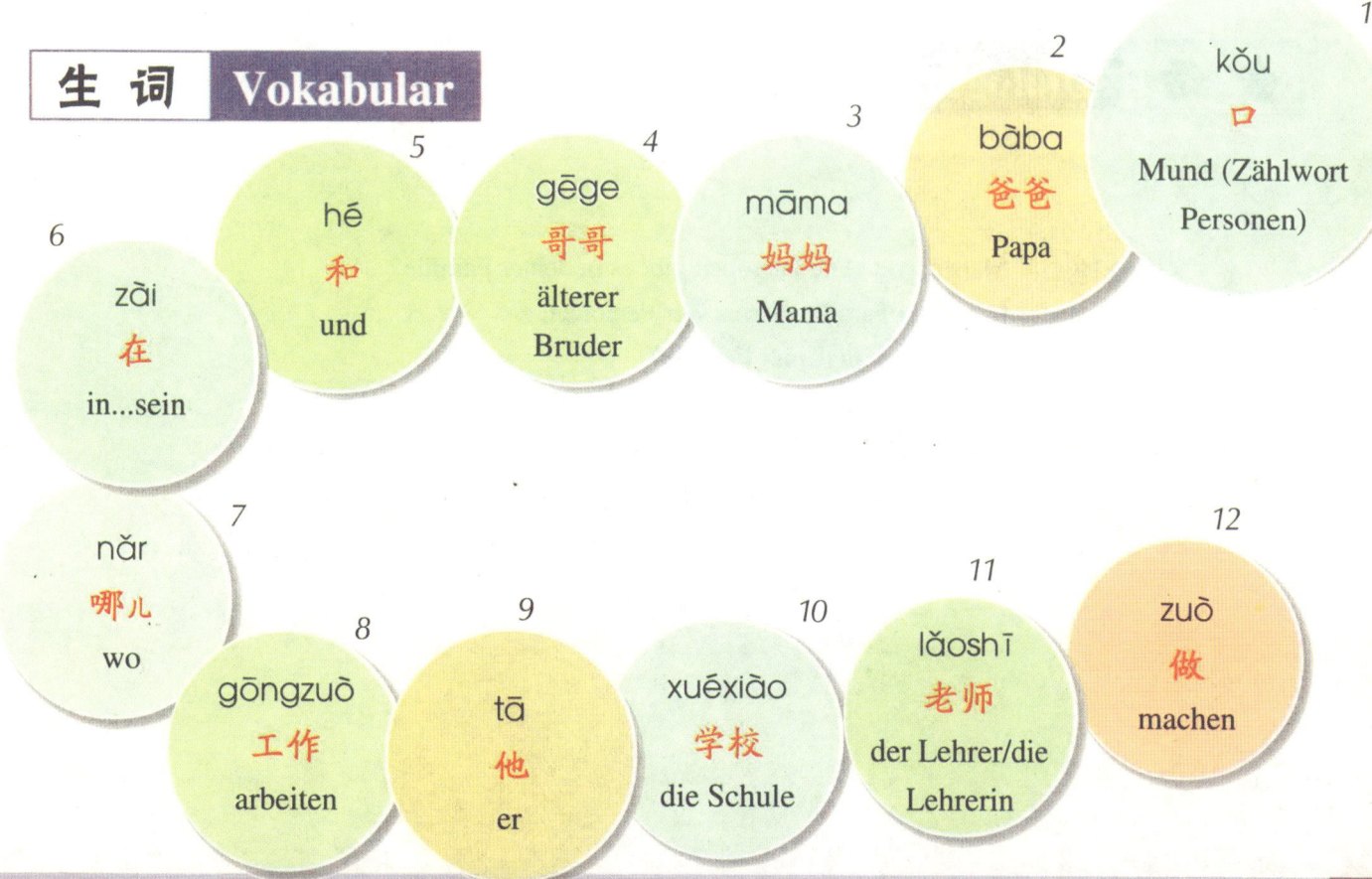

生词　Vokabular

1. kǒu 口 Mund (Zählwort Personen)
2. bàba 爸爸 Papa
3. māma 妈妈 Mama
4. gēge 哥哥 älterer Bruder
5. hé 和 und
6. zài 在 in...sein
7. nǎr 哪儿 wo
8. gōngzuò 工作 arbeiten
9. tā 他 er
10. xuéxiào 学校 die Schule
11. lǎoshī 老师 der Lehrer/die Lehrerin
12. zuò 做 machen

57

你在哪儿工作?

句子 Sätze

1. 你家有几口人?
   Nǐ jiā yǒu jǐ kǒu rén?

2. 你家有什么人?
   Nǐ jiā yǒu shénme rén?

3. 你在哪儿工作?
   Nǐ zài nǎr gōngzuò?

4. 他在学校工作。他是老师。
   Tā zài xuéxiào gōngzuò. Tā shì lǎoshī.

1. Wie viele Personen gibt es in deiner / Ihrer Familie?
2. Wen gibt es in deiner / Ihrer Familie?
3. Wo arbeitest du? / Wo arbeiten Sie?
4. Er arbeitet in einer Schule. Er ist Lehrer.

会话 Dialoge

Zhang Hua:	Martin, wie viele Personen gibt es in deiner Familie?
Martin:	In meiner Familie gibt es vier Personen.
Zhang Hua:	Wen gibt es in deiner Familie?
Martin:	Meinen Papa, meine Mama, meinen älteren Bruder und mich.
Zhang Hua:	Wo arbeitet dein älterer Bruder?
Martin:	Er arbeitet in einer Schule. Er ist Lehrer.

张 华： 马丁，你家 有[11] 几 口 人？
Zhāng Huá: Mǎdīng, Nǐ jiā yǒu jǐ kǒu rén?

马丁： 我家有四口人。
Mǎdīng: Wǒ jiā yǒu sì kǒu rén.

张 华： 你家有 什么 人？
Zhāng Huá: Nǐ jiā yǒu shénme rén?

马丁： 爸爸、妈妈，哥哥和我。
Mǎdīng: Bàba、māma, gēge hé wǒ.

张 华： 你 哥哥 在 哪儿 工作？
Zhāng Huá: Nǐ gēge zài nǎr gōngzuò?

马丁： 他 在 学校 工作。他 是 老师。
Mǎdīng: Tā zài xuéxiào gōngzuò. Tā shì lǎoshī.

注释

有[11] Die Negation von „haben" 有 ist „nicht haben" 没有.

你在哪儿工作？▶▶▶

活动 Aktivitäten

语音练习
Phonetik

yéye ——— nǎinai
bàba ——— māma
gēge ——— jiějie
dìdi ——— mèimei

完成对话
Ergänzen Sie den Dialog

▸ 你 家 有 几 口 人？
　Nǐ jiā yǒu jǐ kǒu rén?
▸ _____ 。

▸ 你 家 有 什么 人？
　Nǐ jiā yǒu shénme rén?
▸ _____ 。

第 5 单元

替换练习
Transferübungen

1. 学下面的词语——职业
   Lernen Sie die folgenden Ausdrücke — Berufe

医生	护士	会计	职员
yīshēng	hùshi	kuàijì	zhíyuán

司机	秘书	厨师	保安
sījī	mìshū	chúshī	bǎo'ān

2. 学下面的词语——地点
   Lernen Sie die folgenden Ausdrücke — Orte

饭店	大使馆	医院	公司
fàndiàn	dàshǐguǎn	yīyuàn	gōngsī

你在哪儿工作？

3. 模仿造句
Sprechen Sie nach

她 在 医院 工作，她 是 医生。
Tā zài yīyuàn gōngzuò, tā shì yīshēng.

第二部分

生词 Vokabular

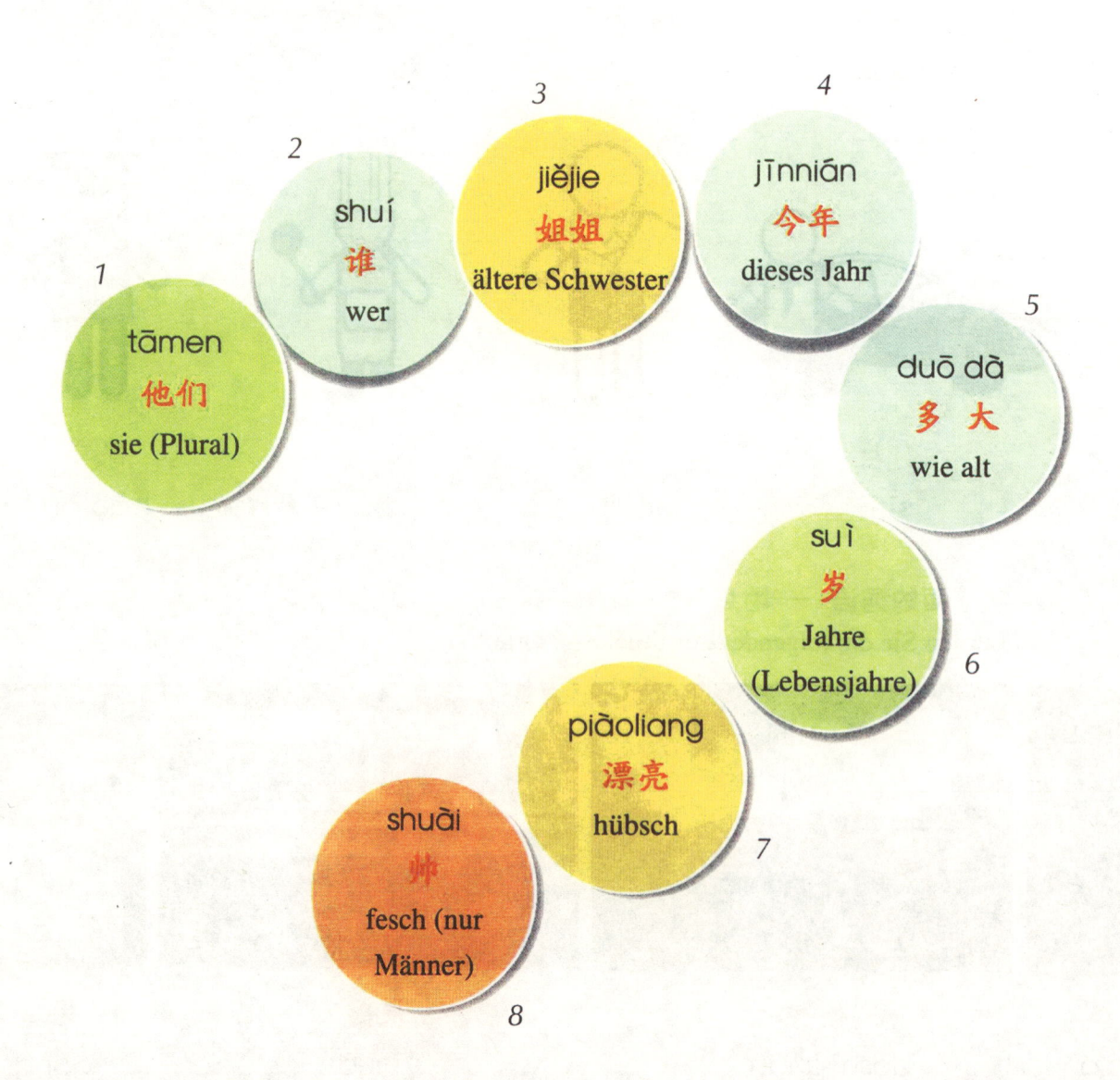

1. tāmen 他们 sie (Plural)
2. shuí 谁 wer
3. jiějie 姐姐 ältere Schwester
4. jīnnián 今年 dieses Jahr
5. duō dà 多大 wie alt
6. suì 岁 Jahre (Lebensjahre)
7. piàoliang 漂亮 hübsch
8. shuài 帅 fesch (nur Männer)

第 **5** 单元

句子 Sätze

1. 你 今年 多 大?
   Nǐ jīnnián duō dà?

2. 我 今年 三十 岁。
   Wǒ jīnnián sānshí suì.

3. 你 姐姐 很 漂亮。
   Nǐ jiějie hěn piàoliang.

1. Wie alt bist du (dieses Jahr)? /Wie alt sind Sie (dieses Jahr)?
2. Ich bin (dieses Jahr) 30 Jahre alt.
3. Deine ältere Schwester ist sehr hübsch.

会 话 Dialoge

(宋丽丽与卡特琳在房间里看照片。)

宋丽丽： 他们 是 谁?
Sòng Lìli: Tāmen shì shuí?

卡特琳： 这 是 我 姐姐。那 是 我 哥哥。
Kǎtèlín: Zhè shì wǒ jiějie. Nà shì wǒ gēge.

宋丽丽： 你哥哥 今年 多 大[12]?
Sòng Lìli: Nǐ gēge jīnnián duō dà?

卡特琳： 我 哥哥 三十 岁，我 姐姐 今年 三十五 岁。
Kǎtèlín: wǒ gēge sānshí suì, wǒ jiějie jīnnián sānshíwǔ suì.

63

你在哪儿工作？▶▶▶

宋丽丽： 你姐姐很 漂亮[13]，你哥哥也很帅。
Sòng Lìli: Nǐ jiějie hěn piàoliang, Nǐ gēge yě hěn shuài.

注释

你哥哥 今年 多大[12] „Wie alt ist dein Bruder?" So wird nach dem Alter einer erwachsenen Person gefragt. „Wie groß ist Ihr Alter?" benutzt man bei älteren Personen und mit „Wie viele Lebensjahre hast du?" fragt man Kinder nach dem Alter.

漂亮[13] Adjektive wie z.B. „hübsch" können ohne das Verb „sein" als Prädikat benutzt werden.

Song Lili und Katherin schauen im Zimmer Fotos an.
Song Lili: Wer sind die Personen?
Katherin: Das ist meine ältere Schwester. Und das ist mein älterer Bruder.
Song Lili: Wie alt ist dein Bruder jetzt?
Katherin: Mein Bruder ist 30 Jahre alt. Und meine Schwester ist 35 Jahre alt.
Song Lili: Deine Schwester ist sehr hübsch. Dein Bruder ist auch fesch.

活动 Aktivitäten

读一读然后连线
Lesen: Was passt zusammen

1. 你 今年 几 岁？   a. 我 四十 岁。
   Nǐ jīnnián jǐ suì?   Wǒ sìshí suì.

2. 您 今年 多 大 年纪？   b. 我 七 岁。
   Nín jīnnián duō dà niánjì? Wǒ qī suì.

3. 你 今年 多 大？   c. 我 八十 岁。
   Nǐ jīnnián duō dà?   Wǒ bāshí suì.

第 5 单元

问与答
Fragen und Antworten

你 有 姐姐 吗? Nǐ yǒu jiějie ma?	
	我 没 有 哥哥。 Wǒ méi yǒu gēge.
你 有 几 个 弟弟? Nǐ yǒu jǐ gè dìdi?	
	我 有 两 个 妹妹。 Wǒ yǒu liǎng gè mèimei.

替换练习
Transferübungen

1 他 很 _____。 他 很 _____。
　　Tā hěn _____. Tā hěn _____.

2 他 很 _____。 她 很 _____。
　　Tā hěn _____. Tā hěn _____.

胖	瘦
pàng	shòu
高	矮
gāo	ǎi
可爱	聪明
kě'ài	cōngmíng

3 她 很 _____。
　　Tā hěn _____.

4 他 很 _____。
　　Tā hěn _____.

你在哪儿工作？▶▶▶

听录音选择正确答案
Hörübungen: Wählen Sie die richtige Antwort

1. a. 汤姆 有 一个 哥哥 和 一个 妹妹。
   Tāngmǔ yǒu yí gè gēge hé yí gè mèimei.
   b. 汤姆 有 一个 姐姐 和 一个 弟弟。
   Tāngmǔ yǒu yí gè jiějie hé yí gè dìdi.

2. a. 小 明 今年 九 岁。
   Xiǎo Míng jīnnián jiǔ suì.
   b. 小 明 今年 六 岁。
   Xiǎo Míng jīnnián liù suì.

认汉字
Chinesische Schriftzeichen

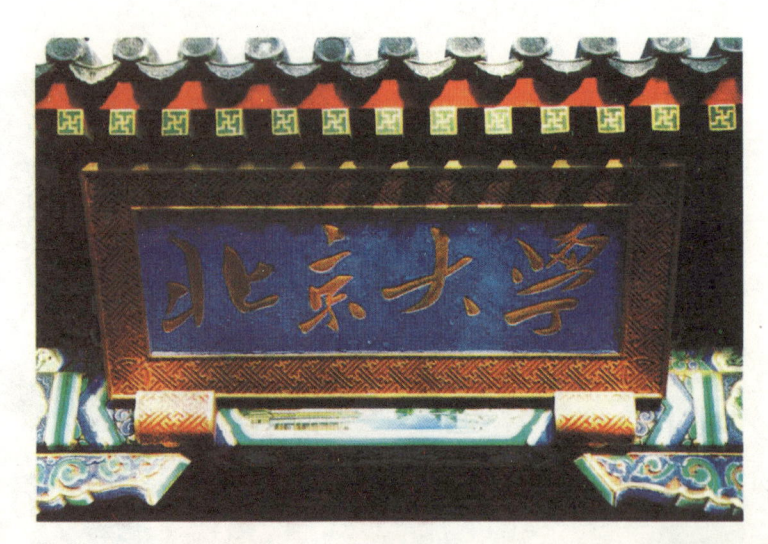

Běijīng Dàxué
北京 大学
Peking Universität

Zhōngguó Yínháng
中国 银行
China Bank

第 5 单元

你知道吗？

Wussten Sie, dass...?

对中国人来说，家庭情况和年龄虽然是隐私，但是朋友间可以询问。

In China gelten die Familie und das Alter als Privatsphäre. Nur unter Freunden wird offen darüber gesprochen.

补充词语表 Ergänzungen zum Vokabular

医生	yīshēng	der Arzt/ die Ärztin
护士	hùshi	die Krankenschwester/ der Krankenpfleger
会计	kuàijì	der/die Buchhalter-in / Buchführer-in
职员	zhíyuán	der/die Angestellte
司机	sījī	der/die Fahrer-in
秘书	mìshū	der/die Sekretär-in
厨师	chúshī	der Koch / die Köchin
保安	bǎo'ān	der/die Sicherheitsbeamte

可爱	kě'ài	süß
聪明	cōngmíng	klug
高	gāo	groß
矮	ǎi	klein
胖	pàng	dick

父亲	fùqīn	der Vater
母亲	mǔqīn	die Mutter
丈夫	zhàngfu	der Ehemann
妻子	qīzi	die Ehefrau
爷爷	yéye	der Großvater
奶奶	nǎinai	die Großmutter
弟弟	dìdi	der jüngere Bruder
妹妹	mèimei	die jüngere Schwester
儿子	érzi	der Sohn
女儿	nǚ'ér	die Tochter
年纪	niánjì	das Alter

饭店	fàndiàn	das Hotel
大使馆	dàshǐguǎn	die Botschaft
医院	yīyuàn	das Krankenhaus
公司	gōngsī	die Firma

第 6 单元

Kǎtèlín zài ma?

卡特琳 在 吗?

Ist Katherin da?

学习目标 / Lernziel
- 学会打电话的常用语 / Redemittel am Telefon

第 6 单元

热 身　Einführung

打 电话
dǎ diànhuà

发 电子 邮件
fā diànzǐ yóujiàn

发 短信
fā duǎnxìn

发 传真
fā chuánzhēn

第一部分

生 词　Vokabular

1
wèi
喂
Hallo

2
zhǎo
找
suchen

3
shāo děng
稍 等
Einen Moment, bitte!

4
jiù
就
gerade / eben

5
dǎ (diànhuà)
打 (电话)
anrufen

6
cuò
错
falsch-(verbunden)

69

卡特琳在吗？

句子　Sätze

1. 您找谁？
   Nín zhǎo shuí?
2. 马丁在不在？
   Mǎdīng zài bú zài?
3. 请稍等。
   Qǐng shāo děng.
4. 我就是。
   Wǒ jiù shì.
5. 你打错了。
   Nǐ dǎ cuò le.

1. Mit wem möchten Sie sprechen?
2. Ist Martin da?
3. Einen Moment, bitte!
4. Ich bin`s.
5. Sie haben falsch gewählt.

会话　Dialoge

A: Hallo, Guten Tag!
B: Guten Tag! Mit wem möchten Sie sprechen?
A: Ich möchte mit Martin sprechen. Ist er da?
B: Ja, er ist da. Einen Moment, bitte!

A: Ist Martin da?
B: Ich bin Martin.

A: Sind Sie Herr Wang?
B: Nein, Sie haben falsch gewählt.

第 **6** 单元

A：喂？你好！
　　Wèi? Nǐ hǎo!

B：喂！您找谁？
　　Wèi! Nín zhǎo shuí?

A：我找马丁。他在吗？
　　Wǒ zhǎo Mǎdīng. Tā zài ma?

B：在，请稍等。
　　Zài, qǐng shāo děng.

A：马丁 在不在[14]？
　　Mǎdīng zài bú zài?

B：我就[15]是。
　　Wǒ jiù shì.

A：是王先生吗？
　　Shì Wáng xiānsheng ma?

B：你打错了。
　　Nǐ dǎ cuò le.

注释

在不在[14] Wenn im Chinesischen auf die positive Form eines Verbs oder eines Adjektivs gleich die negative Form folgt, bedeutet das eine Frage. Die Bedeutung dieses Fragesatzes ist gleich wie in einem ..."吗" „ma" "?"-Satz, braucht aber am Ende kein „ma?".

就[15] "就" bedeutet soviel wie: stimmt, genau, just, eben, das ist es, z. B. am Telefon: „Das bin ich."

卡特琳在吗？

活动 | Aktivitäten

语音练习
Phonetik

dǎ diànhuà —— tàng tóufa
shāo děng —— Xiǎo Dīng
shǒujī —— jiǔxí
chuánzhēn —— zhuānchéng

读一读然后连线
Lesen: Was passt zusammen

1. 你 找 谁？
   Nǐ zhǎo shuí?

2. 宋 丽丽 在 吗？
   Sòng Lìli zài ma?

3. 是 张 华 吗？
   Shì Zhāng Huá ma?

a. 我 就 是。
   Wǒ jiù shì.

b. 我 找 卡特琳。
   Wǒ zhǎo Kǎtèlín.

c. 你 打 错 了。
   Nǐ dǎ cuò le.

看图说句子
Bilden Sie Sätze zum Bild

马丁 在 不 在？
Mǎdīng zài bú zài?

吃 (烤鸭)
chī (kǎoyā)

第 **6** 单元

去　（长城）
qù (Chángchéng)

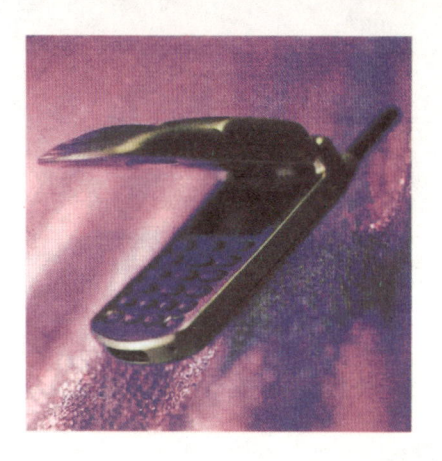

买　（手机）
mǎi　(shǒujī)

第二部分

生词　Vokabular

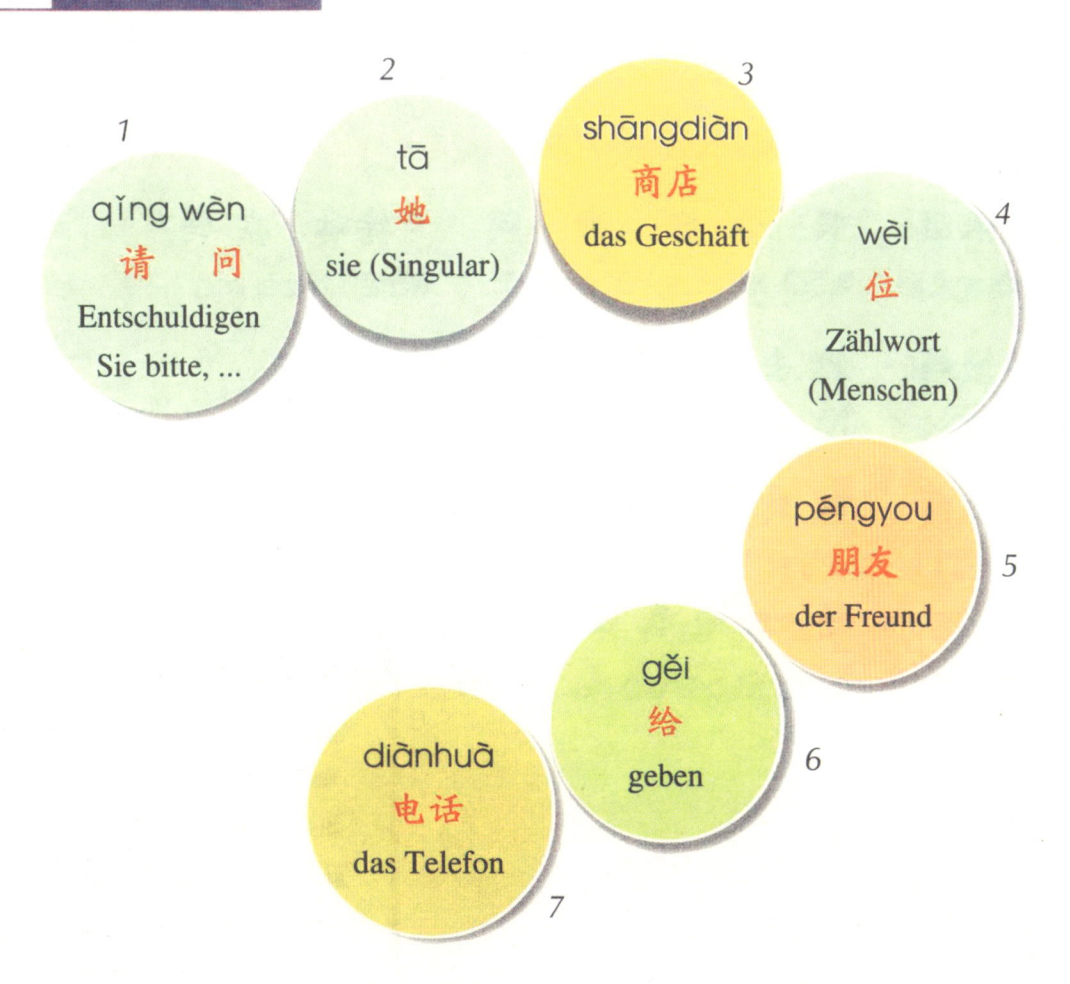

1　qǐng wèn
请 问
Entschuldigen Sie bitte, ...

2　tā
她
sie (Singular)

3　shāngdiàn
商店
das Geschäft

4　wèi
位
Zählwort (Menschen)

5　péngyou
朋友
der Freund

6　gěi
给
geben

7　diànhuà
电话
das Telefon

73

卡特琳在吗？▶▶▶

句子 Sätze

1. 她去 商店 了。
   Tā qù shāngdiàn le.

2. 我是她的 朋友 张丽。
   Wǒ shì tā de péngyou Zhāng Lì.
   请她给我回 电话。
   Qǐng tā gěi wǒ huí diànhuà.

1. Sie ist zum Geschäft gegangen.
2. Ich bin eine Freundin von ihr. Ich heiße Zhang Li. Sagen Sie ihr bitte, sie soll mich zurückrufen.

会话 Dialoge

（卡特琳不在家，她的朋友张丽给她打电话，接电话的是卡特琳的妈妈。）

张丽：　　喂？你好！请 问，卡特琳 在吗？
Zhāng Lì:　Wèi? Nǐ hǎo! Qǐng wèn, Kǎtèlín zài ma?

卡特琳妈妈：她去 商店 了16。您哪位？
Kǎtèlín māma:　Tā qù shāngdiàn le. Nín nǎ wèi?

张丽：　　我是她的 朋友 张丽。
Zhāng Lì:　Wǒ shì tā de péngyou Zhāng Lì.
　　　　　请她给我回 电话。
　　　　　Qǐng tā gěi wǒ huí diànhuà.

注释

了16 „了" drückt hauptsächlich eine Veränderung des Zustandes aus. Aber auch, dass ein Vorgang, ein Ereignis schon passiert ist. Um einen solchen Satz zu verneinen, wird vor das Verb die Nagation „nicht" 没(有) gestellt und der Satz mit „了" „le" beendet.

第 **6** 单元

卡特琳妈妈: 您 的 电话 是 多少?
Kǎtèlín māma: Nín de diànhuà shì duōshao?

张丽 : 13601237445[17]。
Zhāng Lì: Yāosānliùlíngyāo'èrsānqīsìsìwǔ.

注释

13601237445[17]   Bei Telefonnummern, Zimmernummern, Autoschildern u. a. Zahlenangaben wird die Zahl „1" „yao" gesprochen.

(Katherin ist nicht zu Hause. Ihre Freundin Zhang Li ruft sie an. Die Mutter von Katherin nimmt den Anruf an.)

Zhang Li:	Hallo, Guten Tag! Entschuldigen Sie bitte, ist Katherin da?
Die Mutter von Katherin:	Sie ist zum Geschäft gegangen. Wer sind Sie bitte?
Zhang Li:	Ich bin eine Freundin von ihr. Ich heiße Zhang Li. Sagen Sie ihr bitte, sie soll mich zurückrufen.
Die Mutter von Katherin:	Wie ist Ihre Telefonnummer?
Zhang Li:	13601237445.

活动 Aktivitäten

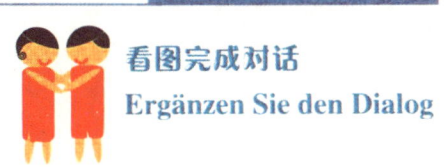

看图完成对话
Ergänzen Sie den Dialog

▶ 珍妮 在 吗?
  Zhēnnī zài ma?

▶ 她 去 商店 了。
  Tā qù shāngdiàn le.

大卫   银行
Dàwèi yínháng

玛丽   办公室
Mǎlì   bàngōngshì

小 王   飞机场
Xiǎo Wáng fēijīchǎng

卡特琳在吗？

替换练习
Transferübungen

请 她 给 我 回 电话。
Qǐng tā gěi wǒ huí diànhuà.

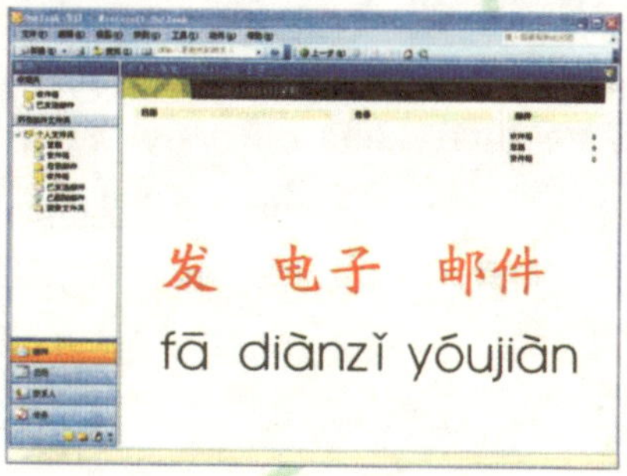

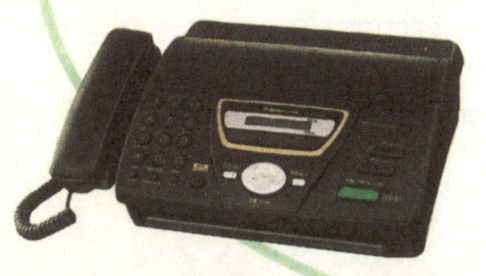

发 传真
fā chuánzhēn

发 短信
fā duǎnxìn

发 电子 邮件
fā diànzǐ yóujiàn

听录音判断对错
Hörübungen: Kreuzen Sie an (richtig / falsch)

1. 马丁 给 珍妮 打 电话，珍妮 不 在。（   ）
   Mǎdīng gěi Zhēnnī dǎ diànhuà, Zhēnnī bú zài.

2. a. 珍妮 给 宋 丽丽 打 电话，宋 丽丽 不 在。（   ）
      Zhēnnī gěi Sòng Lìli dǎ diànhuà, Sòng Lìli bú zài.

   b. 宋 丽丽 给 珍妮 打 电话，珍妮 去 飞机场 了。
      Sòng Lìli gěi Zhēnnī dǎ diànhuà, Zhēnnī qù fēijīchǎng le.
      （   ）

第 **6** 单元

c. 宋 丽丽 的 电话 是　　　65323665。（　　）
　 Sòng Lìli de diànhuà shì liùwǔsān'èrsānliùliùwǔ.

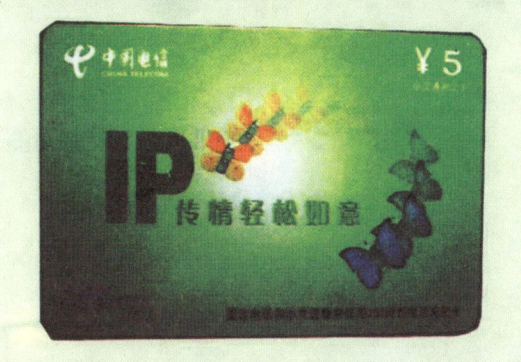

认汉字
Chinesische Schriftzeichen

gōngyòng diànhuà
公用　电话
öffentliches Telefon

guójì chángtú
国际　长途
Internationales Gespräch / Auslandsgespräch

kǎ
IP 卡
IP Telefonkarte

77

卡特琳在吗？

你知道吗？

Wussten Sie, dass...?

1 中国人打电话时如想询问对方是谁，常说"您哪位"或"您哪儿"而很少说"你是谁"。
2 询问对方的电话号码说"您的电话是多少"而不说"您的电话是什么"。

1. Wenn man in China fragen möchte, wer denn der Anrufer ist, dann fragt man nicht „Wer sind Sie?" sondern „welche Person sind Sie?" oder „Um welche Person handelt es sich?" („Nin shi na wei?")
2. Nach der Telefonnummer wird mit „Wie viel ist Ihre Telefonnummer? gefragt und nicht „Was ist Ihre Telefonnummer?"

补充词语表 Ergänzungen zum Vokabular

银行	yínháng	die Bank
飞机场	fēijīchǎng	der Flughafen
办公室	bàngōngshì	das Büro

发	fā	senden / schicken
传真	chuánzhēn	das Fax
短信	duǎnxìn	SMS / Kurzmeldung
电子邮件	diànzǐ yóujiàn	die E-Mail

长城	Chángchéng	die Große Mauer

第 7 单元

Yìzhí zǒu
一直 走

Immer geradeaus

学习目标 / Lernziel
- 学会问路和指路的常用语 / Nach dem Weg fragen / den Weg zeigen

一直走 ▶▶▶

热身 **Einführung**

饭店 fàndiàn

飞机场 fēijīchǎng

银行 yínháng

商店 shāngdiàn

医院 yīyuàn

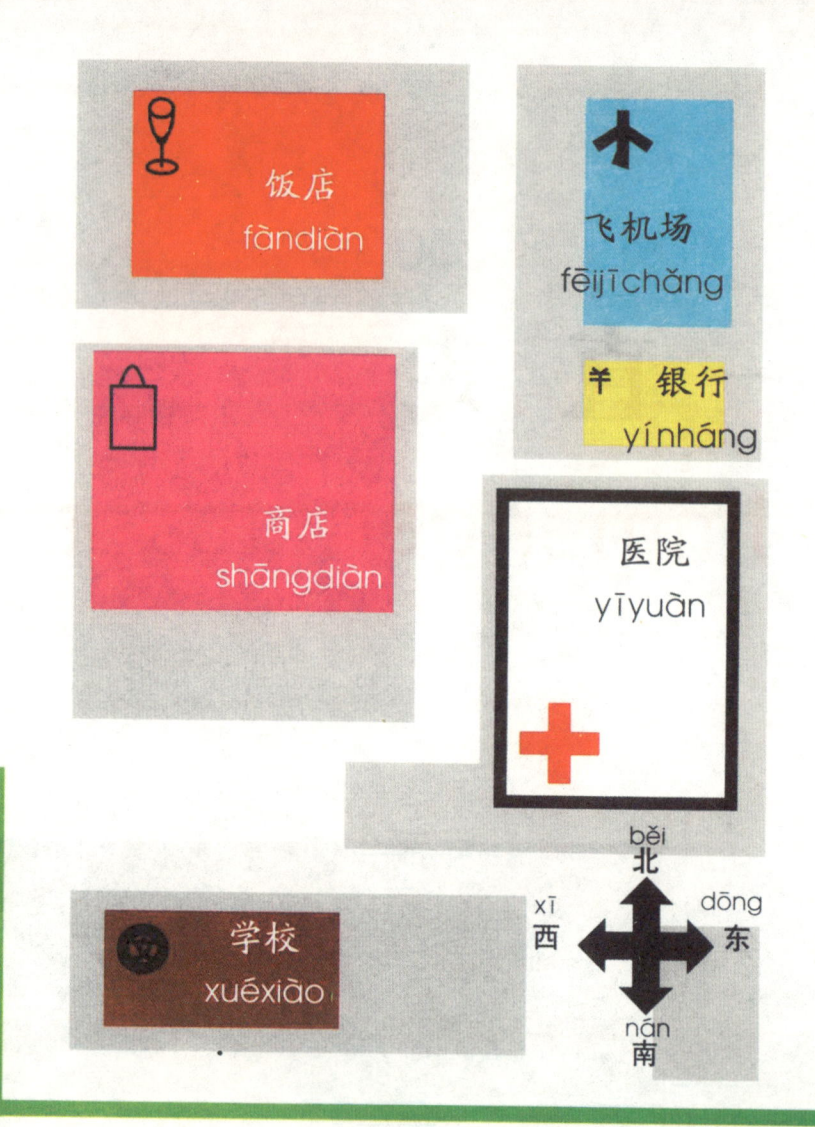

学校 xuéxiào

běi 北
xī 西 dōng 东
nán 南

第一部分

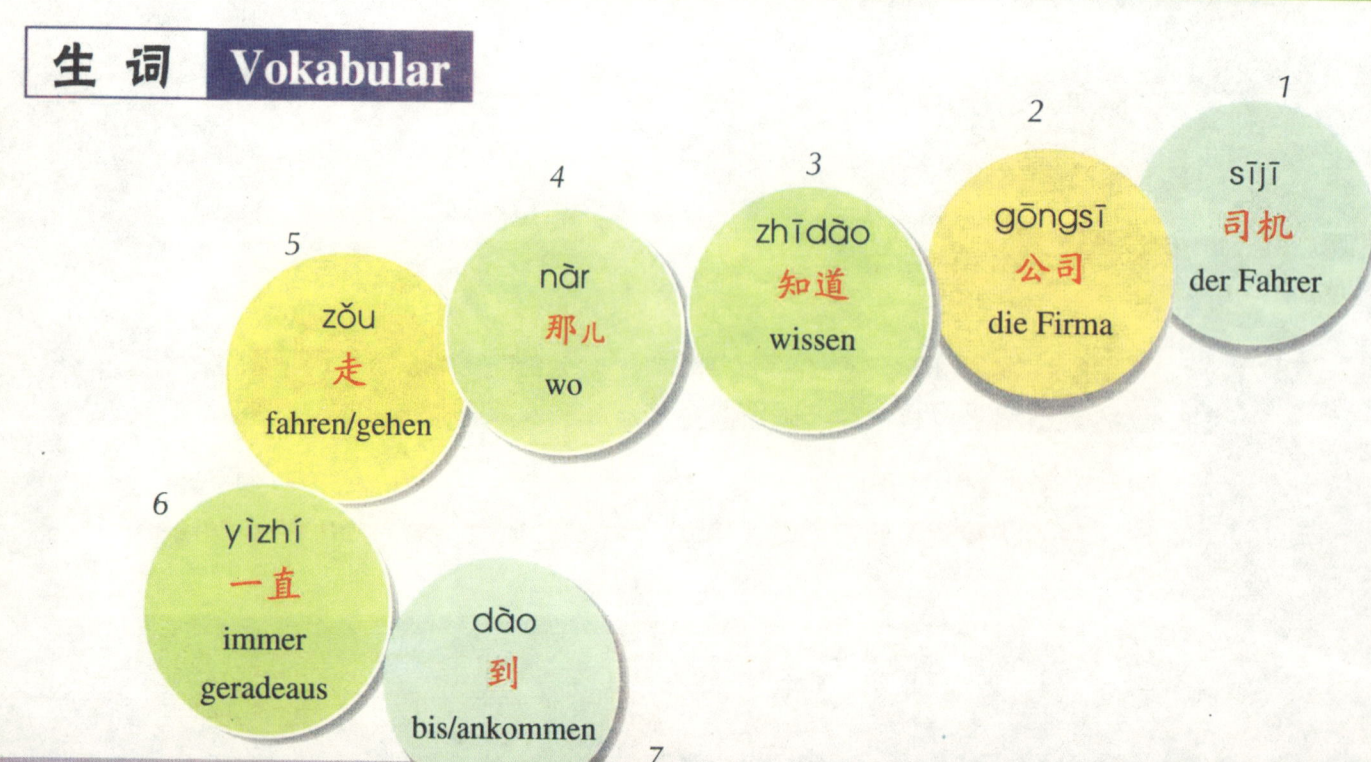

生词 **Vokabular**

1. sījī 司机 der Fahrer
2. gōngsī 公司 die Firma
3. zhīdào 知道 wissen
4. nǎr 那儿 wo
5. zǒu 走 fahren/gehen
6. yìzhí 一直 immer geradeaus
7. dào 到 bis/ankommen

第 **7** 单元

8 hónglǜdēng
红绿灯
die Ampel

15 fāpiào
发票
die Quittung

9 wǎng
往
in Richtung

ba
吧
„ba"! (bei Aufforderungen) 14

yòu
右
rechts
10

guǎi
拐
abbiegen
11

tíng
停
anhalten
12

zhèr
这儿
hier
13

句子 Sätze

1. 去 大众 公司 怎么 走?
   Qù Dàzhōng Gōngsī zěnme zǒu?

2. 一直 走。
   Yìzhí zǒu.

3. 到 红绿灯 往 右 拐。
   Dào hónglǜdēng wǎng yòu guǎi.

1. Wie komme ich zur Firma Dazhong, bitte?
2. Gehen / Fahren Sie immer geradeaus!
3. Biegen Sie bei der Ampel nach rechts ab!

一直走

会话 Dialoge

Fahrer: Wohin möchten Sie?
Katherin: Ich möchte zur Firma Dazhong, bitte.
Fahrer: Wissen Sie, wie man dorthin kommt?
Katherin: Ja, ich weiß. Fahren Sie immer geradeaus bis zur Ampel und dann biegen Sie nach rechts ab!
....
Katherin: Wir sind angekommen. Bitte halten Sie hier an! Geben Sie mir bitte eine Quittung!

司机: 您去哪儿?
sījī: Nín qù nǎr?

卡特琳: 我去大众公司。
Kǎtèlín: Wǒ qù Dàzhòng Gōngsī.

司机: 您知道去那儿怎么走吗?
sījī: Nín zhīdào qù nǎr zěnme zǒu ma?

卡特琳: 我知道。一直走，到红绿灯
Kǎtèlín: Wǒ zhīdào. Yìzhí zǒu, dào hónglǜdēng
往右拐。
wǎng yòu guǎi.

……

卡特琳: 到了，就停这儿吧[18]。
Kǎtèlín: Dào le, jiù tíng zhèr ba.
请给我发票。
Qǐng gěi wǒ fāpiào.

注释

吧[18] "吧" „ba" am Satzende bedeutet, dass das Gesagte als Vorschlag gemeint ist.

第 7 单元

活动 Aktivitäten

语音练习 Phonetik

zěnme zǒu —— zěnme zuò
shízì lùkǒu —— shísì lù chē
ránhòu —— yánhòu
qù nǎr —— qù nàr

看图完成对话
Bilden Sie Sätze zum Bild

▶ 去 大众 公司 怎么 走?
　Qù Dàzhòng Gōngsī zěnme zǒu?

▶ 往 右 拐。
　wǎng yòu guǎi.

往 左 拐。
Wǎng zuǒ guǎi.

一直 走。
Yìzhí zǒu.

往 南 拐。
Wǎng nán guǎi.

一直 走，然后
Yìzhí zǒu, ránhòu
往 右 拐。
wǎng yòu guǎi.

83

一直走 ▶▶▶

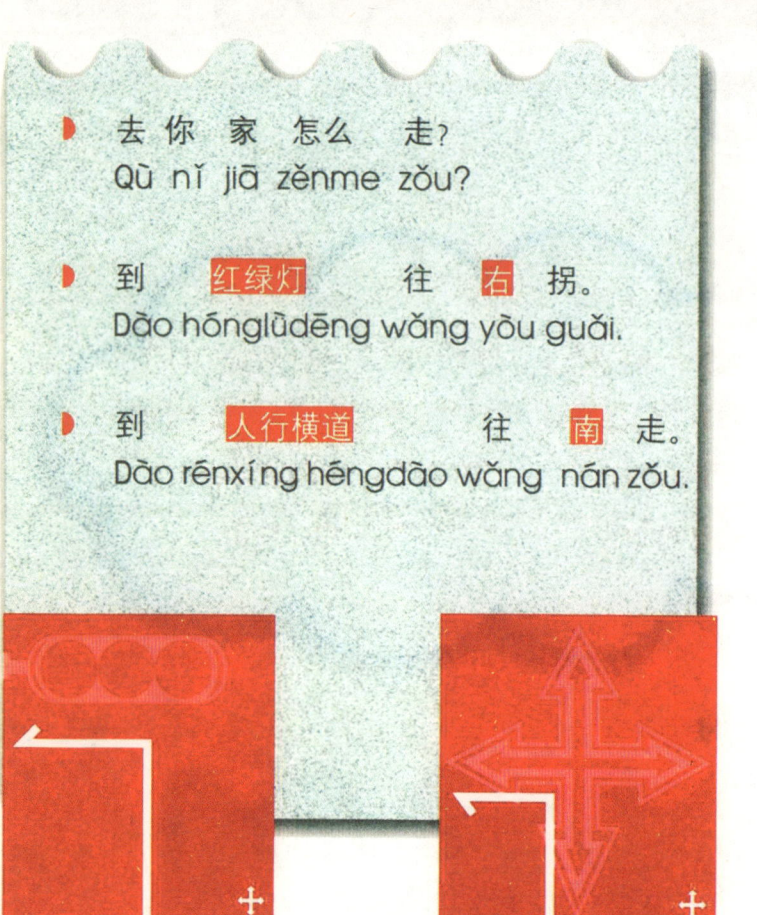

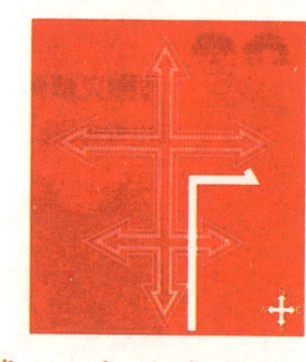

▸ 去你家怎么走?
Qù nǐ jiā zěnme zǒu?

▸ 到 红绿灯 往 右 拐。
Dào hónglǜdēng wǎng yòu guǎi.

▸ 到 人行横道 往 南 走。
Dào rénxíng héngdào wǎng nán zǒu.

红绿灯
hónglǜdēng

十字 路口
shízì lùkǒu

第二 个 十字 路口
dì'èr gè shízì lùkǒu

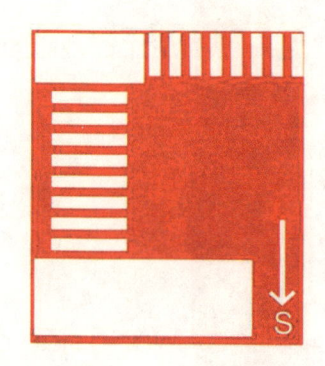

人行 横道
rénxíng héngdào

过街 天桥
guòjiē tiānqiáo

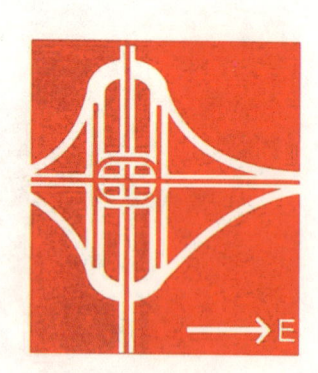

立交桥
lìjiāoqiáo

第 7 单元

根据地图问路、指路
Fragen Sie nach dem Weg / Zeigen Sie den Weg. Benutzen Sie dazu die Bilder

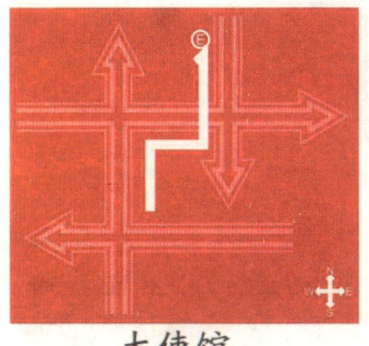

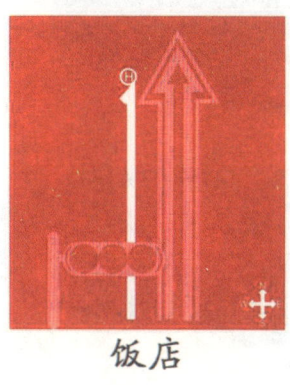

大使馆　dàshǐguǎn

饭店　fàndiàn

银行　yínháng

第二部分

生 词　Vokabular

1. měi tiān 每天 — jeden Tag
2. shàngbān 上班 — zur Arbeit gehen
3. zǒuzhe 走着 — zu Fuß
4. lí 离 — von ..(Ort). + Entfernungsangabe
5. jìn 近 — nah
6. yào 要 — brauchen
7. fēnzhōng 分钟 — Minute
8. wèishénme 为什么 — warum?
9. kāichē 开车 — Auto fahren
10. pà 怕 — befürchten
11. dǔchē 堵车 — der Straßenstau

一直走 ▶▶▶

句子　Sätze

1. 你每天怎么去上班?
   Nǐ měi tiān zěnme qù shàngbān?

2. 走着去上班。
   Zǒu zhe qù shàngbān.

3. 你家离公司很近吗?
   Nǐ jiā lí gōngsī hěn jìn ma?

1. Wie gehst du jeden Tag zur Arbeit?
2. Ich gehe zu Fuß zur Arbeit.
3. Ist die Firma in der Nähe von deinem Zuhause? / Ist die Firma weit von deinem Zuhause entfernt?

会话　Dialoge

卡特琳：　你每天怎么去上班?
Kǎtèlín:　Nǐ měi tiān zěnme qù shàngbān?

宋丽丽：　走着去。
Sòng Lìli:　Zǒu zhe qù.

卡特琳：　你家离公司很近吗?
Kǎtèlín:　Nǐ jiā lí gōngsī hěn jìn ma?

宋丽丽：　不近。走着去要四十分钟。
Sòng Lìli:　Bú jìn. Zǒu zhe qù yào sìshí fēnzhōng.

卡特琳：　为什么不开车?
Kǎtèlín:　Wèishénme bù kāichē?

宋丽丽：　我怕堵车。
Sòng Lìli:　Wǒ pà dǔchē.

第 7 单元

Katherin: Wie gehst du jeden Tag zur Arbeit?
Song Lili: Ich gehe zu Fuß.
Katherin: Ist die Firma in der Nähe (von deinem zu Hause)?
Song Lili: Nicht so nah. Zu Fuß brauche ich etwa 40 Minuten.
Katherin: Warum nimmst du nicht das Auto?
Song Lili: Ich befürchte, es gibt Stau.

活 动 Aktivitäten

替换练习
Transferübungen

▸ 你 怎么 去 上班?
Nǐ zěnme qù shàngbān?

▸ 走着 去。
Zǒu zhe qù.

坐 出租车
zuò chūzūchē

骑 自行车
qí zìxíngchē

坐 地铁
zuò dìtiě

开车
kāichē

87

一直走

Fragen und Antworten

> 你家离公司远吗?
> Nǐ jiā lí gōngsī yuǎn ma?

> 不远,开车去要二十分钟。
> Bù yuǎn, kāichē qù yào èrshí fēnzhōng.

我家
wǒ jiā

gōngsī
公司

飞机场
fēijīchǎng

使馆
shǐguǎn

学校
xuéxiào

yínháng
银行

读一读然后连线
Lesen: Was passt zusammen

1. 去 英国 使馆 怎么 走?
   Qù Yīngguó Shǐguǎn zěnme zǒu?

2. 你 怎么 去 上班?
   Nǐ zěnme qù shàngbān?

3. 到 了 吗?
   Dào le ma?

4. 你家离 公司 远 吗?
   Nǐ jiā lí gōngsī yuǎn ma?

5. 开车 去要 多 长 时间?
   Kāichē qù yào duō cháng shíjiān?

a. 开车 去。
   Kāichē qù.

b. 一直 走,然后 往 左 拐。
   Yìzhí zǒu, ránhòu wǎng zuǒ guǎi.

c. 不 远。
   Bù yuǎn.

d. 十五 分钟。
   Shíwǔ fēnzhōng.

e. 到 了,请 停车。
   Dào le, qǐng tíngchē.

第 7 单元

听录音选择正确答案
Hörübungen: Wählen Sie die richtige Antwort

1. a. 到　红绿灯　往　左　拐。
　　　Dào hónglǜdēng wǎng zuǒ guǎi.
　b. 到　红绿灯　往　右　拐。
　　　Dào hónglǜdēng wǎng yòu guǎi.

2. a. 坐　出租车　回　家。
　　　Zuò chūzūchē huí jiā.
　b. 走　着　回　家。
　　　Zǒu zhe huí jiā.

认汉字
Chinesische Schriftzeichen

入口 ENTRANCE
rùkǒu
der Eingang / die Einfahrt

出口 EXIT
chūkǒu
der Ausgang / die Ausfahrt

← 西 WEST
xī
Westen

东 → EAST
dōng
Osten

南 → SOUTH
nán
Süden

北 → NORTH
běi
Norden

一直走 ▶▶▶

你知道吗?

Wussten Sie, dass...?

北京的街道名各种各样,包括人物姓氏(例如:张自忠路)、市场商品(例如:菜市口大街)、花草鱼虫(例如:花市大街、金鱼胡同)等。

Die Pekinger Straßennamen sind sehr vielfältig. Sie enthalten oft Namen von Persönlichkeiten, (z.B. die Zhang Zizhong Straße), von Warenmärkten (z.B. die Gemüsemarkteingang - Straße) aber auch von Blumen, Kräutern, Fischen und Käfern. (z.B. die Blumenmarktstraße, die Goldfischgasse) und so weiter.

补充词语表 Ergänzungen zum Vokabular

东	dōng	Osten
南	nán	Süden
西	xī	Westen
北	běi	Norden

左	zuǒ	links
然后	ránhòu	danach
十字路口	shízì lùkǒu	die Kreuzung
第二	dì'èr	zweite ..

人行横道	rénxíng héngdào	der Fußgängerstreifen
过街天桥	guòjiē tiānqiáo	die Fußgängerbrücke
立交桥	lìjiāoqiáo	die Straßenbrücke / -überführung
坐	zuò	sitzen (hier: nehmen)
地铁	dìtiě	die U-Bahn
出租车	chūzūchē	das Taxi
骑	qí	(Rad) fahren
自行车	zìxíngchē	das Fahrrad
远	yuǎn	weit

第 8 单元

Nǐ de xīn jiā zài nǎr?
你的新家在哪儿?

Wo ist deine neue Wohnung?

学习目标 / Lernziel
- 掌握方位词的用法 / Ortsangaben machen. Wo? / Wohin?
- 学会表述某物的方位 / Dinge lokalisieren

你的新家在哪儿？▶▶▶

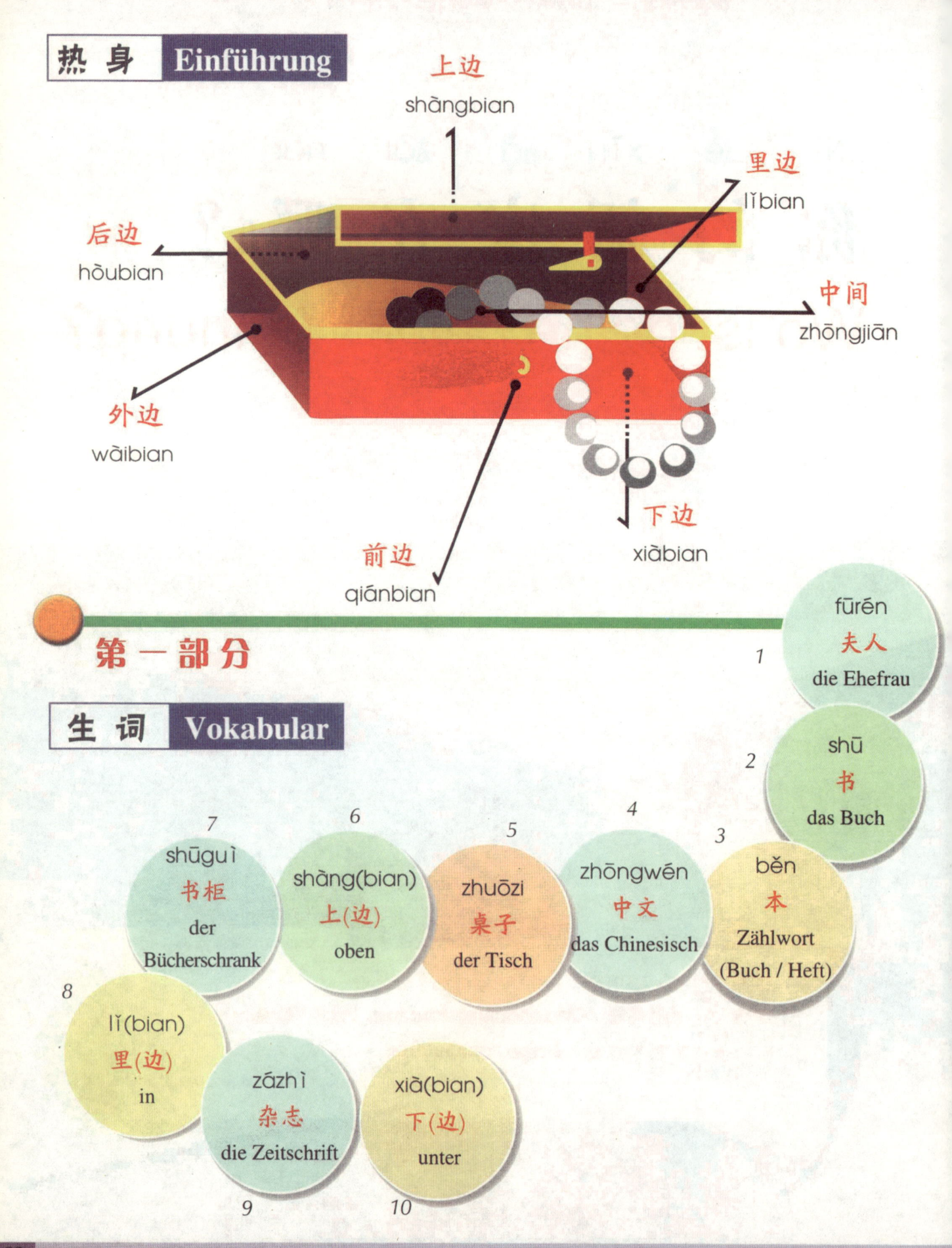

热身　Einführung

上边 shàngbian
里边 lǐbian
后边 hòubian
中间 zhōngjiān
外边 wàibian
下边 xiàbian
前边 qiánbian

第一部分

生词　Vokabular

1. fūrén 夫人 die Ehefrau
2. shū 书 das Buch
3. běn 本 Zählwort (Buch / Heft)
4. zhōngwén 中文 das Chinesisch
5. zhuōzi 桌子 der Tisch
6. shàng(bian) 上(边) oben
7. shūguì 书柜 der Bücherschrank
8. lǐ(bian) 里(边) in
9. zázhì 杂志 die Zeitschrift
10. xià(bian) 下(边) unter

第 8 单元

句子 Sätze

1. 我的书呢?
   Wǒ de shū ne?
2. 在桌子上吗?
   Zài zhuōzi shàng ma?
3. 在杂志下边。
   Zài zázhì xiàbian.

1. Wo ist denn mein Buch?
2. Auf dem Tisch?
3. Unter der Zeitschrift.

会话 Dialoge

Martin:	Wo ist denn mein Buch?
Seine Frau:	Welches Buch?
Martin:	Ein grünes Chinesischbuch.
Seine Frau:	Ist es nicht auf dem Tisch?
Martin:	Nein, da ist es nicht.
Seine Frau:	Ist es nicht im Bücherschrank?
Martin:	Da habe ich schon gesucht, ... da ist es auch nicht.
Seine Frau:	....
Martin:	Hier ist es. Unter der Zeitschrift.

你的新家在哪儿？▶▶▶

马丁： 我 的 书 呢?
Mǎdīng: Wǒ de shū ne?

夫人： 什么 书?
fūrén: Shénme shū?

马丁： 一本 绿色 的 中文 书。
Mǎdīng: Yì běn lǜsè de Zhōngwén shū.

夫人： 没 在 桌子 上 吗?
fūrén: Méi zài zhuōzi shàng ma?

马丁： 不 在。
Mǎdīng: Bú zài.

夫人： 没 在 书柜 里 吗?
fūrén: Méi zài shūguì lǐ ma?

马丁： 我 找 了，也 没有。
Mǎdīng: Wǒ zhǎo le, yě méiyǒu.

夫人： ……
fūrén: ...

马丁： 在 这儿，在 杂志 下边。
Mǎdīng: Zài zhèr, zài zázhì xiàbian.

第 8 单元

活动 Aktivitäten

语音练习 Phonetik

shàngbian —— xiàbian
zhuōzi —— zázhì
zhǎodào —— zǎodào

替换练习 Transferübungen

书 在 桌子 上边。
Shū zài zhuōzi shàngbian.

电视　电话
diànshì diànhuà

桌子　钥匙
zhuōzi yàoshi

你的新家在哪儿？

桌子　椅子
zhuōzi　yǐzi

牛奶　冰箱
niúnǎi　bīngxiāng

看图完成对话
Ergänzen Sie den Dialog

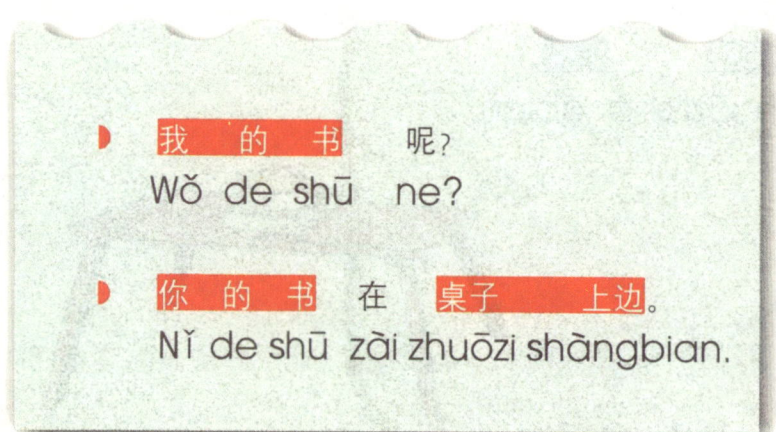

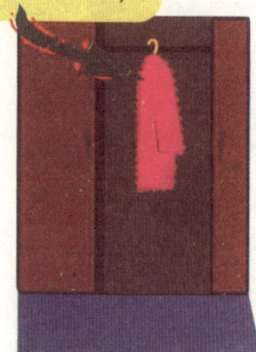

▸ 我的书呢？
　 Wǒ de shū ne?

▸ 你的书在桌子上边。
　 Nǐ de shū zài zhuōzi shàngbian.

我的毛衣
wǒ de máoyī

你的手机
nǐ de shǒujī

他的妹妹
tā de mèimei

衣柜　里边
yīguì　lǐbian

桌子　上边
zhuōzi shàngbian

商店　前边
shāngdiàn qiánbian

第 8 单元

第二部分

生词 Vokabular

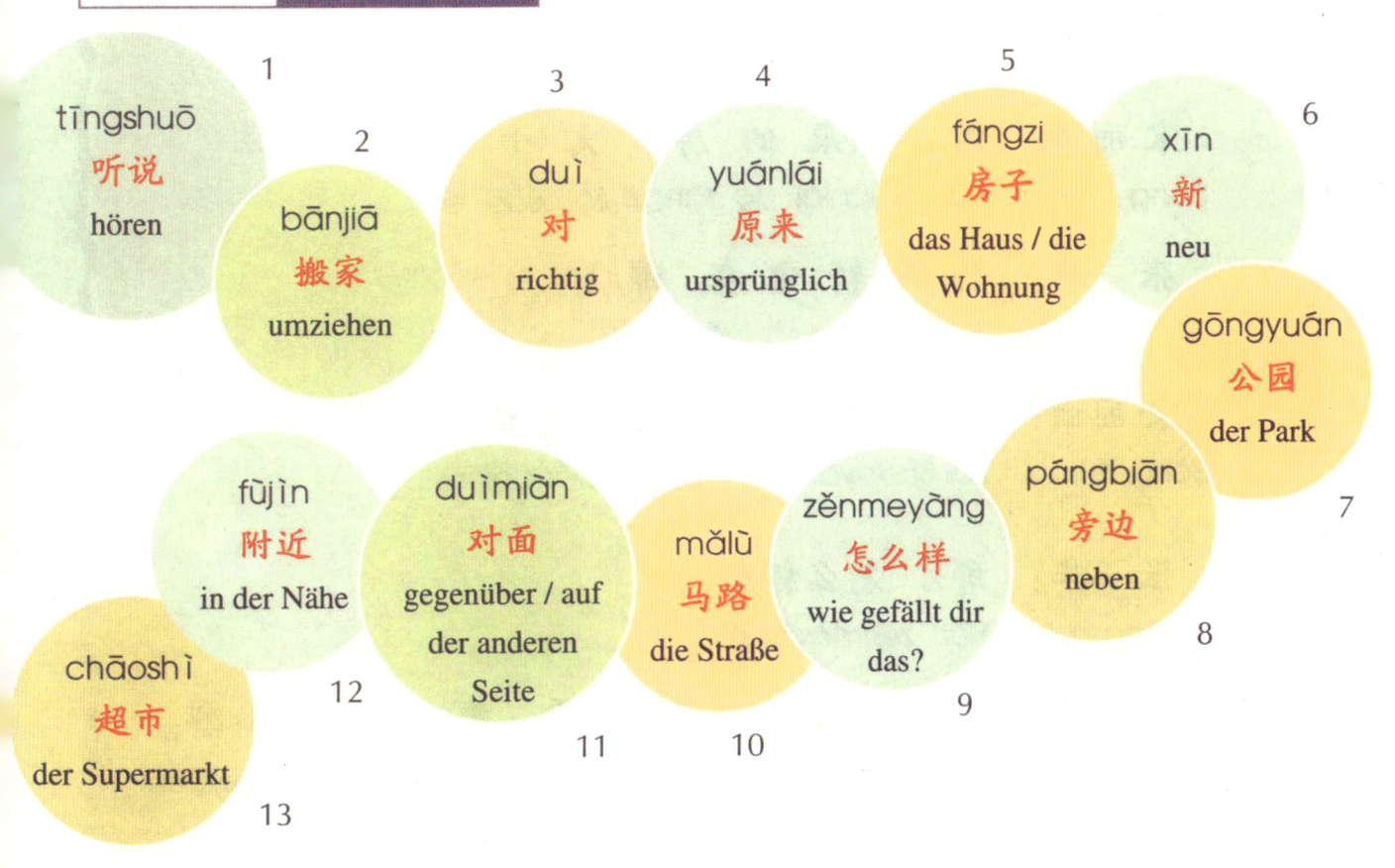

1. tīngshuō 听说 hören
2. bānjiā 搬家 umziehen
3. duì 对 richtig
4. yuánlái 原来 ursprünglich
5. fángzi 房子 das Haus / die Wohnung
6. xīn 新 neu
7. gōngyuán 公园 der Park
8. pángbiān 旁边 neben
9. zěnmeyàng 怎么样 wie gefällt dir das?
10. mǎlù 马路 die Straße
11. duìmiàn 对面 gegenüber / auf der anderen Seite
12. fùjìn 附近 in der Nähe
13. chāoshì 超市 der Supermarkt

句子 Sätze

1. 你的新家在哪儿？
   Nǐ de xīn jiā zài nǎr?
2. 在朝阳公园旁边。
   Zài Cháoyáng Gōngyuán pángbiān.
3. 马路对面有一个公园。
   Mǎlù duìmiàn yǒu yí gè gōngyuán.

1. Wo ist deine neue Wohnung?
2. Neben dem Chao Yang Park.
3. Gegenüber ist ein Park.

你的新家在哪儿？

会话 Dialoge

张　华：听说 你 搬家 了。
Zhāng Huá: Tīngshuō nǐ bānjiā le.

宋丽丽：对，原来 的 房子 太 小 了。
Sòng Lìli: Duì, yuánlái de fángzi tài xiǎo le.

张　华：你 的 新 家 在 哪儿?
Zhāng Huá: Nǐ de xīn jiā zài nǎr?

宋丽丽：在 朝阳 公园 旁边。
Sòng Lìli: Zài Cháoyáng Gōngyuán pángbiān.

张　华：那儿 怎么样?
Zhāng Huá: Nǎr zěnmeyàng?

宋丽丽：很 漂亮。马路 对面 有 一个 公园，
Sòng Lìli: Hěn piàoliang. Mǎlù duìmiàn yǒu yí gè gōngyuán,
　　　　　附近 还 有 一 个 大 超市。
　　　　　fùjìn hái yǒu yí gè dà chāoshì.

Zhang Hua: Ich habe gehört, dass du umgezogen bist.
Song Lili: Richtig, die alte Wohnung war zu klein.
Zhang Hua: Wo ist deine neue Wohnung?
Song Lili: Neben dem Chao Yang Park.
Zhang Hua: Wie gefällt es dir dort?
Song Lili: Es ist sehr schön. Gegenüber ist ein Park und in der Nähe gibt es noch einen großen Supermarkt.

第 8 单元

活动 Aktivitäten

替换练习
Transferübungen

马路 对面 有 一 个 超市。
Mǎlù duìmiàn yǒu yí ge chāoshì.

商店　旁边　银行
shāngdiàn pángbiān yínháng

公园　里边　饭馆
gōngyuán lǐbian fànguǎn

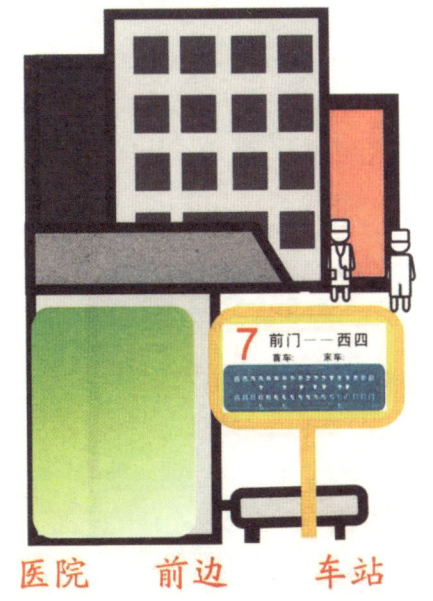

医院　前边　车站
yīyuàn qiánbian chēzhàn

桌子　上边　苹果
zhuōzi shàngbian píngguǒ

你的新家在哪儿？▶▶▶

练一练
Üben

例： 商店 在 公园 对面。
lì： Shāngdiàn zài gōngyuán duìmiàn.

→ 公园 对面 有 商店。
　　Gōngyuán duìmiàn yǒu shāngdiàn.

1. 银行 在 商店 对面。
　 Yínháng zài shāngdiàn duìmiàn. →

2. 学校 在 公寓 旁边。
　 Xuéxiào zài gōngyù pángbiān. →

3. 书 在 桌子 上边。
　 Shū zài zhuōzi shàngbian. →

4. 牛奶 在 冰箱 里边。
　 Niúnǎi zài bīngxiāng lǐbian. →

看图说句子
Bilden Sie Sätze zum Bild

例： 公园 旁边 有 一家 医院。
lì： Gōngyuán pángbiān yǒu yì jiā yīyuàn.

医院 在 公园 旁边。
Yīyuàn zài gōngyuán pángbiān.

第 **8** 单元

公园
gōngyuán

chāoshì 超市

医院
yīyuàn

xuéxiào

饭馆
fànguǎn

北
běi

西　东
xī　dōng

南
nán

听录音判断对错
Hörübungen: Kreuzen Sie an (richtig / falsch)

1. 我 家 在 公园 西边。（ ）
   Wǒ jiā zài gōngyuán xībian.

2. 超市 在 公园 东边。（ ）
   Chāoshì zài gōngyuán dōngbian.

3. 公园 南边 有 一 个 饭馆。（ ）
   Gōngyuán nánbian yǒu yí gè fànguǎn.

101

你的新家在哪儿？▶▶▶

认汉字
Chinesische Schriftzeichen

guān
关
schließen

kāi
开
öffnen

lā
拉
ziehen

tuī
推
drücken / schieben / stoßen

你知道吗？

Wussten Sie, dass...?

中国人请客时座位的安排很有讲究。离门最远的正中间的座位是主人的，女主人坐在主人的对面。客人分别坐在主人的右边和左边。

In China legt man großen Wert auf die Sitzordnung bei Einladungen. Der Gastgeber sitzt auf dem vom Eingang am weitest entfernten Platz. Die Ehefrau des Gastgebers sitzt ihm gegenüber. Die Gäste sitzen rechts und links des Gastgebers.

第 8 单元

补充词语表 Ergänzungen zum Vokabular

电视	diànshì	der Fernseher
钥匙	yàoshi	der Schlüssel
椅子	yǐzi	der Stuhl
冰箱	bīngxiāng	der Kühlschrank

外(边)	wài(bian)	außerhalb
前(边)	qián(bian)	vor
后(边)	hòu(bian)	hinter
中间	zhōngjiān	in der Mitte

衣柜	yīguì	der Kleiderschrank
车站	chēzhàn	die Haltestelle
公寓	gōngyù	der Wohnblock / das Wohnhaus
饭馆	fànguǎn	das Restaurant

第 9 单元

Nǐ zěnme le?

你 怎么 了?

Was ist los mit dir?

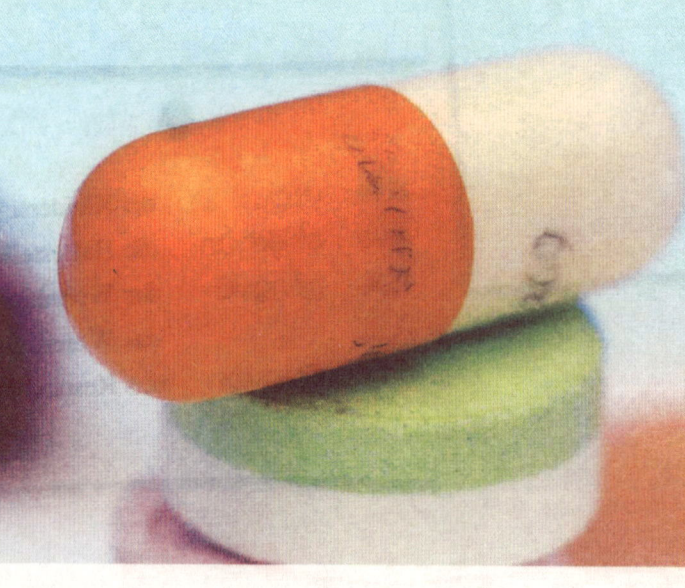

学习目标 / Lernziel
- 学会询问并且描述身体状况 / Nach dem Gesundheitszustand fragen / über die Gesundheit sprechen
- 学会身体主要部位的词语 / Körperteile benennen

第 9 单元

热身 Einführung

头 tóu
眼睛 yǎnjing
脸 liǎn
牙 yá
嘴 zuǐ
胳膊 gēbo
肚子 dùzi
手 shǒu
腿 tuǐ
脚 jiǎo

第一部分

生词 Vokabular

1. yīshēng 医生 der Arzt / die Ärztin
2. bìngrén 病人 der /die Patient/in
3. zěnme le 怎么了 Was ist los?
4. késou 咳嗽 husten
5. yǒu yìdiǎnr 有一点儿 haben ein bisschen
6. téng 疼 weh tun
7. tóuténg 头疼 die Kopfschmerzen
8. fāshāo 发烧 das Fieber
9. gǎnmào 感冒 erkältet
10. yào 药 das Medikament
11. xǐhuan 喜欢 mögen

你怎么了? ▶▶▶

句子　Sätze

> 1. 你 怎么 了?
>   Nǐ zěnme le?
>
> 2. 我 有一点儿 头 疼。
>   Wǒ yǒu yìdiǎnr tóu téng.
>
> 3. 你 感冒 了。
>   Nǐ gǎnmào le.

1. Was ist los mit dir?
2. Ich habe ein bisschen Kopfschmerzen.
3. Du bist erkältet.

会话　Dialoge

Arzt: Was ist los mit Ihnen? Was fehlt Ihnen?
Patient: Ich huste und habe ein bisschen Kopfschmerzen.
Arzt: Haben Sie Fieber?
Patient: Nein, kein Fieber.
Arzt: Sie haben eine Erkältung. Nehmen Sie (ein wenig) Medikamente!
Patient: Ich mag keine Medikamente nehmen.

第 **9** 单元

医生： 你 怎么 了？
yīshēng: Nǐ zěnme le?

病人： 我 咳嗽， 有一点儿[19] 头 疼。
bìngrén: Wǒ késou, yǒuyìdiǎnr tóu téng.

医生： 发烧 吗？
yīshēng: Fāshāo ma?

病人： 不 发烧。
bìngrén: Bù fāshāo.

医生： 你 感冒 了。吃 一点儿 药 吧。
yīshēng: Nǐ gǎnmào le. Chī yìdiǎnr yào ba.

病人： 我 不 喜欢 吃药 ……
bìngrén: Wǒ bù xǐhuan chī yào.

注释

有一点儿[19] "有一点" „you yi dian" wird verwendet, um den Tonfall eines Verbs oder eines Adjektivs freundlicher zu machen.

你怎么了？▶▶▶

活动 Aktivitäten

语音练习 Phonetik

chī yào —— zhǐ yào
xiūxi —— xuéxí
lèi le —— lái le
zěnme —— shénme

问与答 Fragen und Antworten

▶ 李丽 怎么 了?
  Lǐ Lì zěnme le?

▶ 她 _____ 了。
  Tā _____ le.

累
lèi

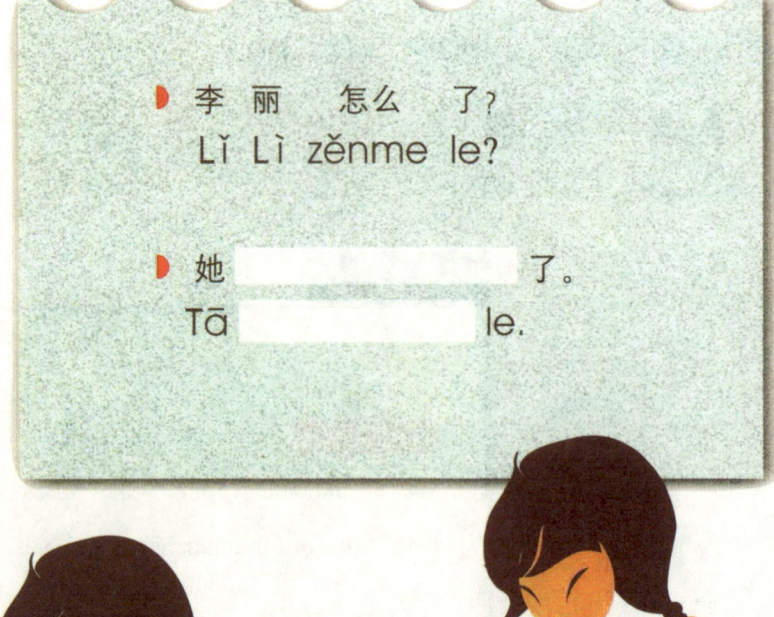

发烧
fāshāo

感冒
gǎnmào

生病
shēngbìng

第 9 单元

替换练习
Transferübungen

▶ 你 怎么 了?
   Nǐ zěnme le?

▶ 我 有 一点儿 感冒。
   Wǒ yǒu yìdiǎnr gǎnmào.

牙疼　　yá téng
头疼　　tóu téng
腿疼　　tuǐ téng
咳嗽　　késou
不舒服　bù shūfu

第二部分

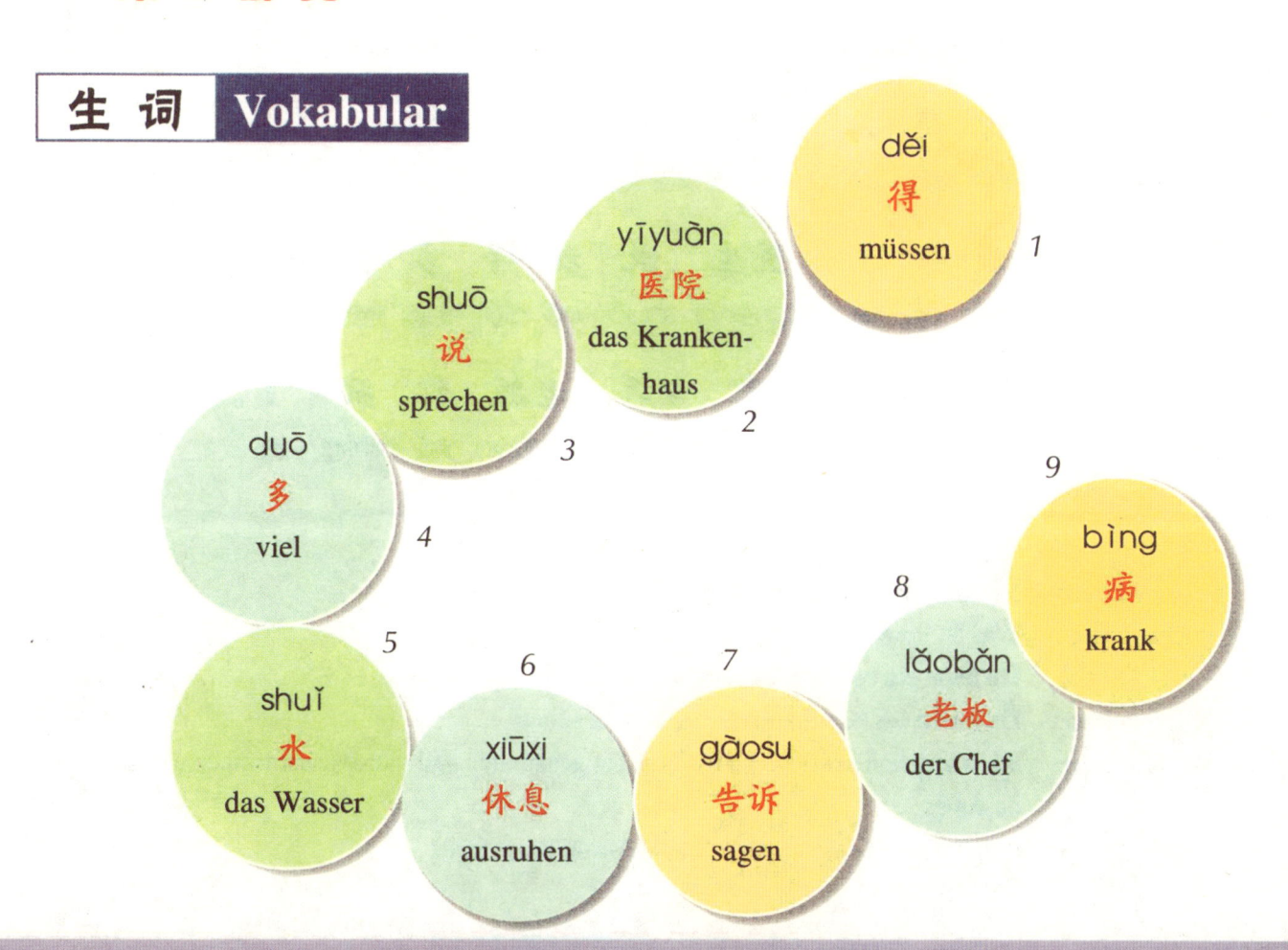

生 词 Vokabular

1. děi 得 müssen
2. yīyuàn 医院 das Krankenhaus
3. shuō 说 sprechen
4. duō 多 viel
5. shuǐ 水 das Wasser
6. xiūxi 休息 ausruhen
7. gàosu 告诉 sagen
8. lǎobǎn 老板 der Chef
9. bìng 病 krank

你怎么了？

句子 Sätze

1. 我今天不能上班了。
   Wǒ jīntiān bù néng shàngbān le.

2. 你得多休息。
   Nǐ děi duō xiūxi.

1. Ich kann heute nicht zur Arbeit kommen.
2. Sie müssen sich gut ausruhen! / Du musst dich gut ausruhen!

会话 Dialoge

马丁： 我 今天 不 能 上班 了[20]。
Mǎdīng: Wǒ jīntiān bù néng shàngbān le.

张 华： 你 怎么 了？
Zhāng Huá: Nǐ zěnme le?

马丁： 我 有点儿 发烧。
Mǎdīng: Wǒ yǒudiǎnr fāshāo.

张 华： 你 得 去 医院 看看。
Zhāng Huá: Nǐ děi qù yīyuàn kànkan.

马丁： 我 去 了，医生 说 我 得 多 喝 水，多 休息。
Mǎdīng: Wǒ qù le, yīshēng shuō wǒ děi duō hē shuǐ, duō xiūxi.

张 华： 你 休息 吧，我 告诉 老板 你 病 了。
Zhāng Huá: Nǐ xiūxi ba, wǒ gàosu lǎobǎn nǐ bìng le.

注释

[20] "了" bedeutet in dieser Einheit eine Zustandsveränderung.

Martin: Ich kann heute nicht zur Arbeit kommen.
Zhang Hua: Was ist los mit dir?
Martin: Ich habe ein bisschen Fieber.
Zhang Hua: Du musst ins Krankenhaus / zum Arzt gehen!
Martin: Ich war schon beim Arzt. Der Arzt hat gesagt, ich soll viel Wasser trinken und mich gut ausruhen.
Zhang Hua: Ruh dich aus! Ich sag dem Chef, dass du krank bist.

第 9 单元

活动 Aktivitäten

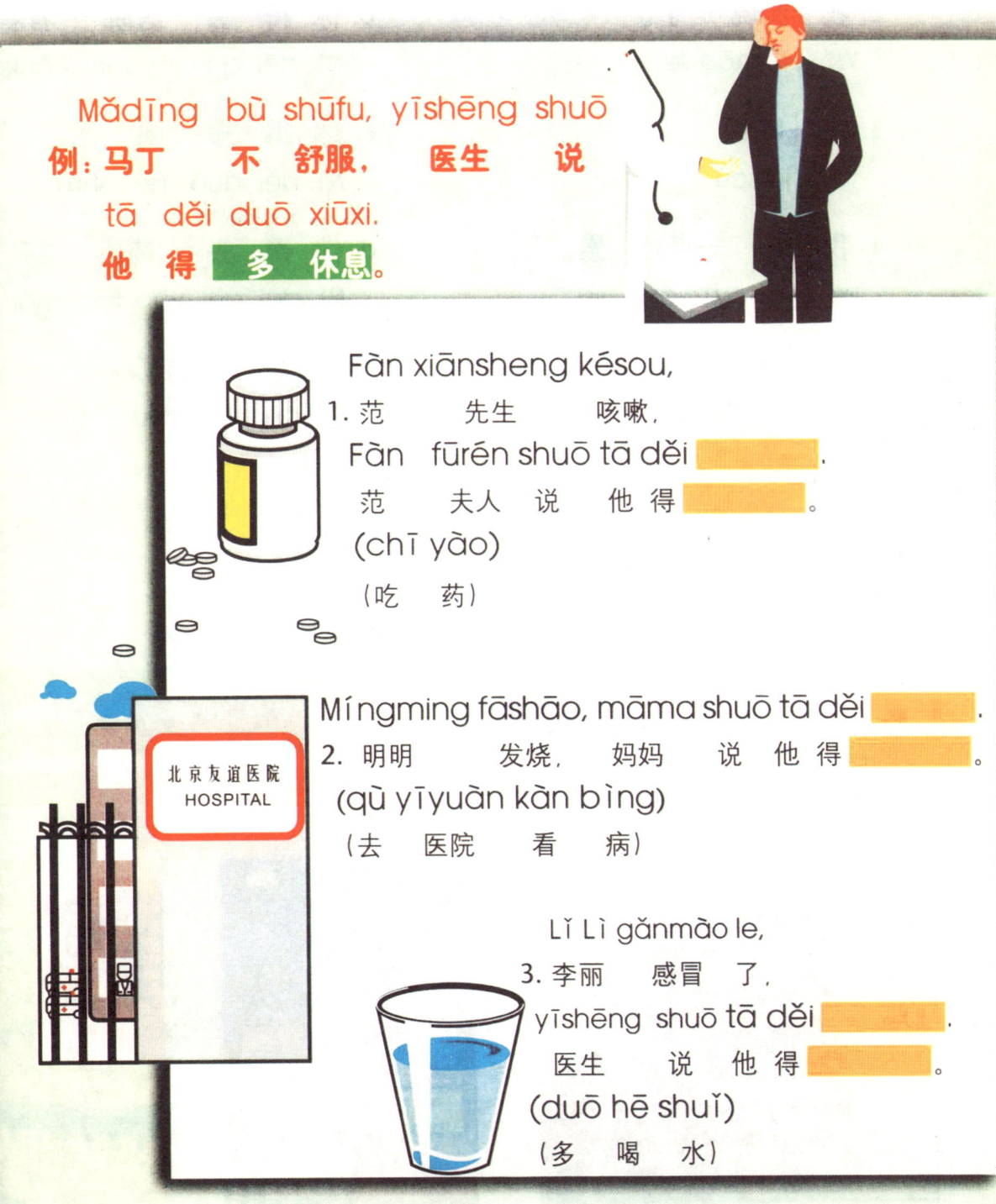

看图说句子
Bilden Sie Sätze zum Bild

例：Mǎdīng bù shūfu, yīshēng shuō tā děi duō xiūxi.
马丁 不 舒服， 医生 说 他 得 多 休息。

1. Fàn xiānsheng késou, Fàn fūrén shuō tā děi _____.
   范 先生 咳嗽， 范 夫人 说 他 得 _____。
   (chī yào)
   （吃 药）

2. Míngming fāshāo, māma shuō tā děi _____.
   明明 发烧， 妈妈 说 他 得 _____。
   (qù yīyuàn kàn bìng)
   （去 医院 看 病）

3. Lǐ Lì gǎnmào le, yīshēng shuō tā děi _____.
   李丽 感冒 了， 医生 说 他 得 _____。
   (duō hē shuǐ)
   （多 喝 水）

你怎么了？

读一读然后连线
Lesen: Was passt zusammen

1. 我 感冒 了。
   Wǒ gǎnmào le.

2. 我 发烧 了。
   Wǒ fāshāo le.

3. 我 咳嗽。
   Wǒ késou.

4. 我 有 一点儿 累。
   Wǒ yǒu yìdiǎnr lèi.

5. 我 没有 感冒 药。
   Wǒ méiyǒu gǎnmào yào.

a. 你 得 多 休息。
   Nǐ děi duō xiūxi.

b. 你 得 去 医院 看看。
   Nǐ děi qù yīyuàn kànkan.

c. 你 得 多 喝 水。
   Nǐ děi duō hē shuǐ.

d. 你 得 去 药店 买 药。
   Nǐ děi qù yàodiàn mǎi yào.

e. 你 得 吃 药。
   Nǐ děi chī yào.

角色扮演
Rollenspiel

模仿第二部分的会话，完成对话
Sprechen Sie dem 2. Teil nach. Ergänzen Sie den Dialog

1 我 明天 不能 去你家了。
  Wǒ míngtiān bù néng qù nǐ jiā le.

2
3
4

和你一起吃饭
hé nǐ yìqǐ chī fàn

上课
shàngkè

去 长城
qù Chángchéng

第 9 单元

听录音判断对错
Hörübungen: Kreuzen Sie an (richtig / falsch)

1. a 张 华 感冒 了。　　b 张 华 累 了。
   Zhāng Huá gǎnmào le.　　Zhāng Huá lèi le.

2. a 马丁 得 多 休息。　　b 马丁 得 多 喝水。
   Mǎdīng děi duō xiūxi.　　Mǎdīng děi duō hēshuǐ.

认汉字
Chinesische Schriftzeichen

yàodiàn
药店
die Apotheke

Běijīng Yīyuàn
北京 医院
das Peking Krankenhaus

你知道吗？

Wussten Sie, dass...?

在中医治疗中，中草药被广泛应用。中草药主要来源于植物，比如根、叶、果实等。

In der chinesischen Heilpraktik ist die Chinesische Kräutermedizin weit verbreitet. Die Medikamente der chinesischen Kräutermedizin stammen vorwiegend aus Pflanzen, zum Beispiel Wurzeln, Blättern, Früchten und so weiter.

你怎么了？▶▶▶

补充词语表 Ergänzungen zum Vokabular

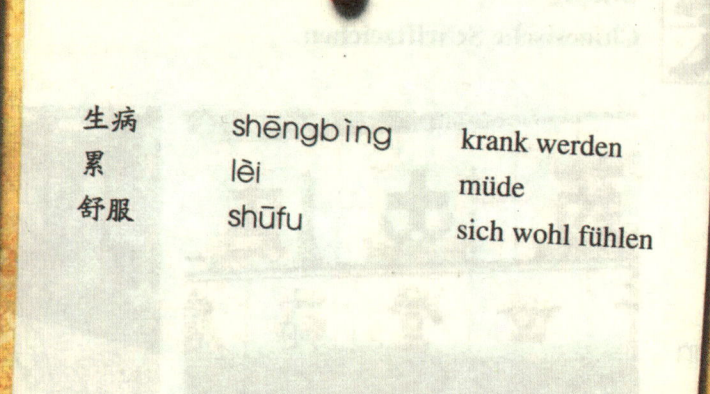

头	tóu	der Kopf
脸	liǎn	das Gesicht
嘴	zuǐ	der Mund
眼睛	yǎnjing	die Augen
牙	yá	der Zahn / die Zähne
胳膊	gēbo	der Arm
肚子	dùzi	der Bauch
手	shǒu	die Hand
腿	tuǐ	das Bein
脚	jiǎo	der Fuß

生病	shēngbìng	krank werden
累	lèi	müde
舒服	shūfu	sich wohl fühlen

药店	yàodiàn	die Apotheke
一起	yìqǐ	zusammen
吃饭	chīfàn	essen
上课	shàngkè	zum Unterricht gehen

第 **10** 单元

Nǐ huì xiū diànnǎo ma?

你 会 修 电脑 吗?

Kannst du Computer reparieren?

学习目标 / Lernziel
- 学会谈论能力和爱好 / über Fähigkeiten und Hobbys sprechen

你会修电脑吗？

热身　Einführung

开车
kāichē

做饭
zuò fàn

说　汉语
shuō Hànyǔ

画画
huà huà

游泳
yóuyǒng

滑冰
huábīng

第一部分

生词　Vokabular

5 huài
坏
schlecht

4 de
得
Ergänzung zum Adj.

3 diànnǎo
电脑
der Computer

2 xiū
修
reparieren

1 huì
会
können
(gelernt haben)

6 shàngwǎng
上网
online gehen /
mit dem Internet
verbinden

7 kěnéng
可能
vielleicht
möglich

8 bìngdú
病毒
der Virus

第 10 单元

句子 Sätze

1. 你会修电脑吗?
   Nǐ huì xiū diànnǎo ma?
2. 他修得很好。
   Tā xiū de hěn hǎo.
3. 我会一点儿。
   Wǒ huì yìdiǎnr.

1. Kannst du Computer reparieren?
2. Er kann sehr gut reparieren.
3. Ich kann das ein bisschen.

会话 Dialoge

Katherin: Kannst du Computer reparieren?
Song Lili: Nein, das kann ich nicht, Zhang Hua kann das. Er kann sehr gut reparieren.
Katherin: Zhang Hua, ich hab gehört, dass du Computer reparieren kannst.
Zhang Hua: Naja, ich kann das ein bisschen.
Katherin: Mein Computer ist kaputt. Ich kann nicht mit dem Internet verbinden.
Zhang Hua: Vielleicht ist es ein Virus.
Katherin: Was, der Computer kann auch krank werden?

你会修电脑吗？

卡特琳： 你 会[21] 修 电脑 吗？
Kǎtèlín: Nǐ huì xiū diànnǎo ma?

宋丽丽： 我 不 会，张 华 会。他 修 得[22] 很 好。
Sōng Lìli: Wǒ bú huì, Zhāng Huá huì. Tā xiū de hěn hǎo.

卡特琳： 张 华，听说 你 会 修 电脑。
Kǎtèlín: Zhāng Huá, tīngshuō nǐ huì xiū diànnǎo.

张 华： 我 会 一点儿。
Zhāng Huá: Wǒ huì yìdiǎnr.

卡特琳： 我 的 电脑 坏 了，不 能[23] 上网 了。
Kǎtèlín: Wǒ de diànnǎo huài le, bù néng shàngwǎng le.

张 华： 可能 有 病毒。
Zhāng Huá: Kěnéng yǒu bìngdú.

卡特琳： 电脑 也 病 了？
Kǎtèlín: Diànnǎo yě bìng le?

注释

会[21] "会" „können" bedeutet hier: gelernt, beherrschen, das Talent haben dazu. Manchmal wird „können" auch mit der Bedeutung „es wird" benutzt.(siehe Einheit 11)

得[22] "得" „de" ist ein Bindewort zwischen einem Verb und seiner Modalergänzung. In einem Fragesatz werden die folgende Satzformen benutzt: Verb + „de" + Adjektiv + „ma"? Oder Verb + „de" „wie"?

注释

能 "能" „können" bedeutet hier soviel wie, die Voraussetzungen sind gegeben, es besteht die Möglichkeit. Zum Beispiel: „Morgen kann ich nicht zur Arbeit gehen."

第 10 单元

活动 Aktivitäten

语音练习 Phonetik

kànkan —— shìshi
shuōshuo —— tīngting
xiǎngxiang —— chángchang

看图完成对话 Ergänzen Sie den Dialog

▶ 你 会 修 电脑 吗?
Nǐ huì xiū diànnǎo ma?

▶ 我 不 会 修。他 会 修。
Wǒ bú huì xiū. Tā huì xiū.

开车
kāichē

做饭
zuò fàn

说 汉语
shuō Hànyǔ

画画
huà huà

游泳
yóuyǒng

滑冰
huábīng

你会修电脑吗？

看图说句子
Bilden Sie Sätze zum Bild

会……吗？ huì ma	会…… huì	不会…… bú huì
	我会开车。 Wǒ huì kāichē.	
		他不会做饭。 Tā bú huì zuò fàn.
你会说汉语吗？ Nǐ huì shuō Hànyǔ ma?		

替换练习
Transferübungen

▶ 你会说汉语吗？ Nǐ huì shuō Hànyǔ ma?

▶ 会说一点儿。 Huì shuō yìdiǎnr.

▶ 说得好吗？ Shuō de hǎo ma?

▶ 说得不太好。 Shuō de bú tài hǎo.

英语	Yīngyǔ
日语	Rìyǔ
法语	Fǎyǔ
俄语	Éyǔ
德语	Déyǔ
西班牙语	Xībānyáyǔ

很好	hěn hǎo
不错	bú cuò

第 10 单元

第二部分

生 词　Vokabular

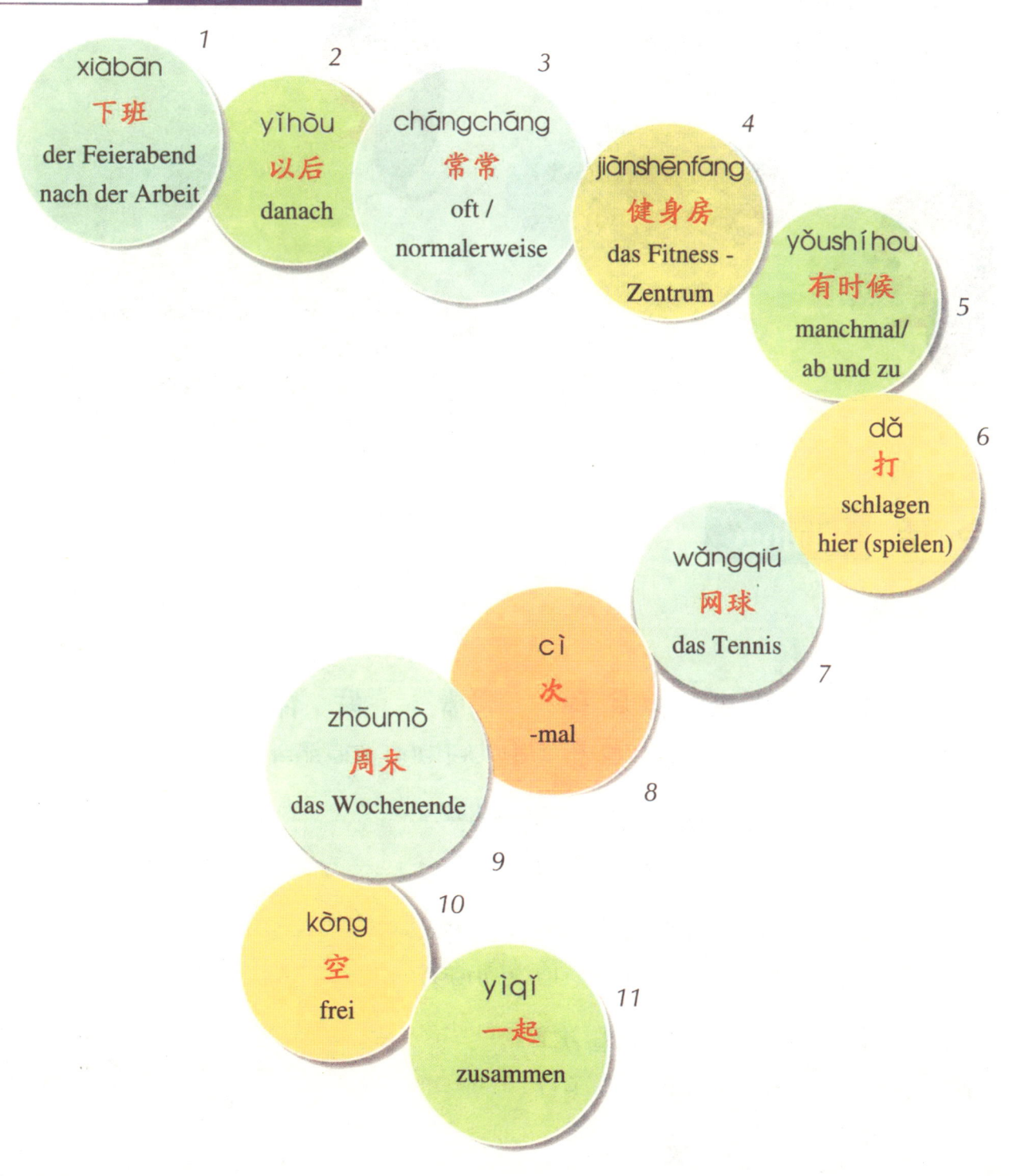

1. xiàbān 下班 der Feierabend / nach der Arbeit
2. yǐhòu 以后 danach
3. chángcháng 常常 oft / normalerweise
4. jiànshēnfáng 健身房 das Fitness-Zentrum
5. yǒushíhou 有时候 manchmal / ab und zu
6. dǎ 打 schlagen / hier (spielen)
7. wǎngqiú 网球 das Tennis
8. cì 次 -mal
9. zhōumò 周末 das Wochenende
10. kòng 空 frei
11. yìqǐ 一起 zusammen

你会修电脑吗？

句子 Sätze

1. 下班 以后你 常常 做 什么?
   Xiàbān yǐhòu nǐ chángcháng zuò shénme?

2. 有时候 打 网球。
   Yǒushíhou dǎ wǎngqiú.

3. 一个 星期 几次?
   Yí gè xīngqī jǐ cì?

1. Was machst du normalerweise nach dem Feierabend? / ... nach der Arbeit?
2. Manchmal spiele ich Tennis.
3. Wie oft pro Woche?

会话 Dialoge

马丁： 下班 以后你 常常 做 什么?
Mǎdīng: Xiàbān yǐhòu nǐ chángcháng zuò shénme?

张华： 去 健身房。 你呢?
Zhāng Huá: Qù jiànshēnfáng. Nǐ ne?

马丁： 我 有时候 打 网球。
Mǎdīng: Wǒ yǒushíhou dǎ wǎngqiú.

张华： 一 星期 几次?
Zhāng Huá: Yì xīngqī jǐ cì?

马丁： 两 次。
Mǎdīng: Liǎng cì.

第 **10** 单元

张　华：　这　周末 你 有 空 吗？我们 一起 打 网球 吧。
Zhāng Huá: Zhè zhōumò nǐ yǒu kòng ma? Wǒmen yìqǐ dǎ wǎngqiú ba.

马丁：　太 好 了。
Mǎdīng: Tài hǎo le.

Martin:	Was machst du normalerweise nach der Arbeit?
Zhang Hua:	Ich gehe ins Fitness- Zentrum. Und du?
Martin:	Ich spiele manchmal Tennis.
Zhang Hua:	Wie oft pro Woche?
Martin:	Zweimal.
Zhang Hua:	Hast du an diesem Wochenende Zeit? Lass uns zusammen Tennis spielen!
Martin:	Ja, prima!

活动　**Aktivitäten**

替换练习
Transferübungen

周末 我 有时候 打 网球。
Zhōumò wǒ yǒushíhou dǎ wǎngqiú.

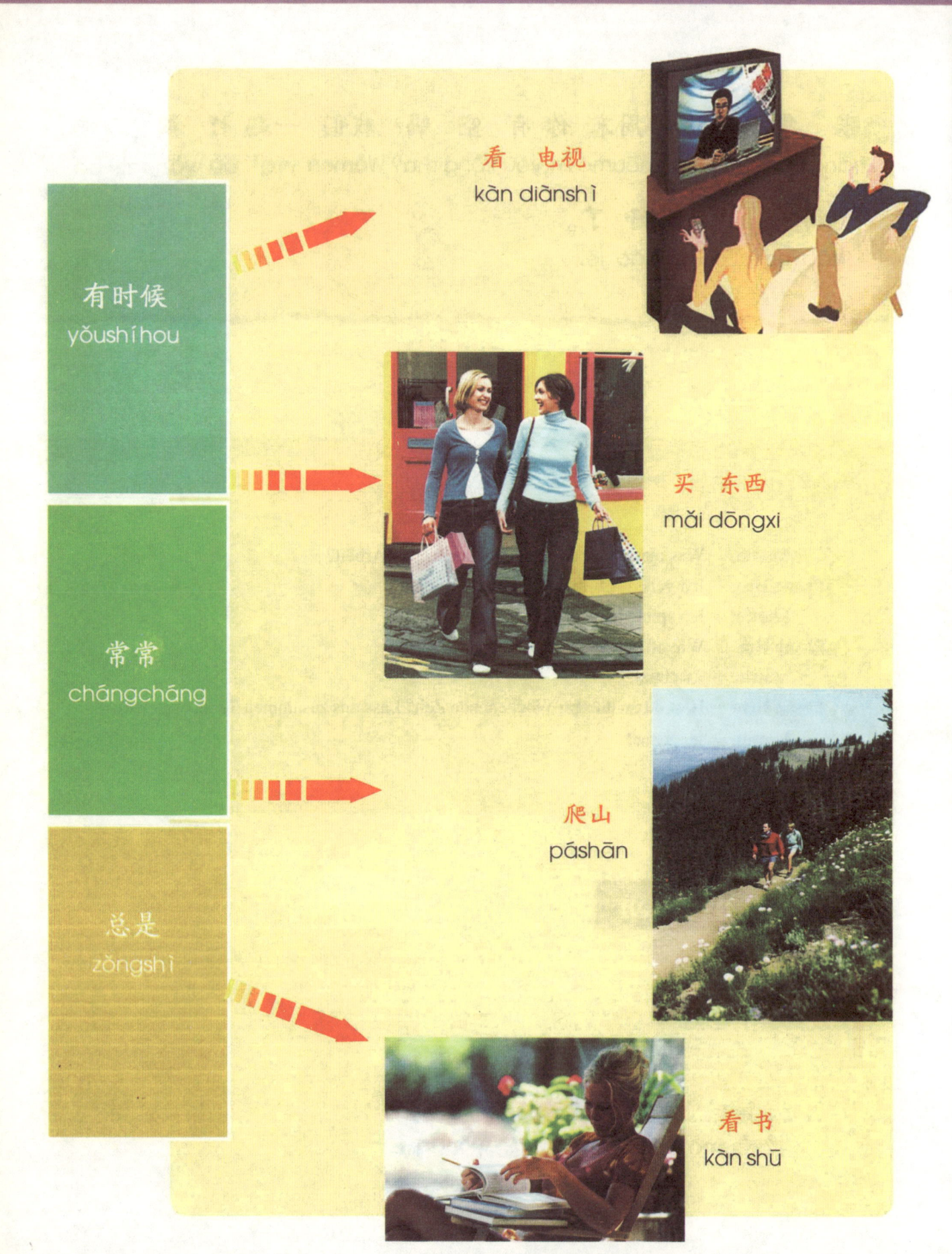

你会修电脑吗？

有时候 yǒushíhou

常常 chángcháng

总是 zǒngshì

看电视 kàn diànshì

买东西 mǎi dōngxi

爬山 páshān

看书 kàn shū

第 **10** 单元

学词语说句子
Ausdrücke und Sätze

▶ 下班 以后 你 常常 做 什么？
　Xiàbān yǐhòu nǐ chángcháng zuò shénme?

▶ 我 有时候 去 商店 买 东西，
　Wǒ yǒushíhou qù shāngdiàn mǎi dōngxi,

　有时候 在 家 看 书。
　yǒushíhou zài jiā kàn shū.

游泳
yóuyǒng

游泳馆
yóuyǒngguǎn

健身
jiànshēn

健身房
jiànshēnfáng

公园
gōngyuán

散步
sànbù

125

你会修电脑吗？ ▶▶▶

语言　学校
yǔyán xuéxiào

(在) 家
(zài) jiā

学　汉语
xué Hànyǔ

上网
shàngwǎng

角色扮演
Rollenspiel

说说你的业余生活
Was machst du in der Freizeit?

	星期一	星期二	星期三	星期四	星期五	星期六	星期日
上午							
下午							
晚上							

第 10 单元

听录音选择正确答案
Hörübungen: Wählen Sie die richtige Antwort

1. a. 宋丽丽会开车。
   Sòng Lìli huì kāichē.

   b. 宋丽丽不会开车。
   Sòng Lìli bú huì kāichē.

2. a. 宋丽丽常常打网球。
   Sòng Lìli chángcháng dǎ wǎngqiú.

   b. 宋丽丽有时候打网球。
   Sòng Lìli yǒushíhou dǎ wǎngqiú.

认汉字
Chinesische Schriftzeichen

游泳馆
yóuyǒngguǎn
das Schwimmbad

健身房
jiànshēnfáng
das Fitness - Zentrum

你知道吗？

Wussten Sie, dass...?

中国人在听到别人赞美自己时，往往会谦虚一番，如：“哪里哪里！”再如，课文中张华听到卡特琳的赞扬后，谦虚地回答说：“会一点儿。”

Chinesen sind sehr bescheiden. Wenn sie gelobt werden, sagen sie gerne „Ach was!" Als Zhang Hua Katherins Lob hört, sagt er bescheiden: „Ach was, ich kann nur ein bisschen (Computer) reparieren."

你会修电脑吗？▶▶▶

补充词语表 Ergänzungen zum Vokabular

做饭	zuò fàn	kochen
画画	huà huà	malen
游泳	yóuyǒng	schwimmen
滑冰	huábīng	Eis laufen
汉语	Hànyǔ	Chinesisch
英语	Yīngyǔ	Englisch
法语	Fǎyǔ	Französisch
俄语	Éyǔ	Russisch
德语	Déyǔ	Deutsch
西班牙语	Xībānyáyǔ	Spanisch

不错	bú cuò	nicht schlecht
总是	zǒngshì	immer
东西	dōngxi	Dinge / Sachen

爬山	pá shān	klettern / wandern
健身	jiànshēn	Fitness
散步	sànbù	spazieren
游泳馆	yóuyǒngguǎn	das Schwimmbad
语言学校	yǔyán xuéxiào	die Sprachschule
学	xué	lernen / studieren

第 11 单元

Tài lěng le
太冷了!
Zu kalt!

学习目标／Lernziel
- 学会描述一地的气候、天气情况／lokales Klima und Wetter beschreiben

太冷了！

热身　Einführung

晴 qíng

阴 yīn

多云 duōyún

下雨 xià yǔ

下雪 xià xuě

有雾 yǒu wù

刮风 guā fēng

第一部分

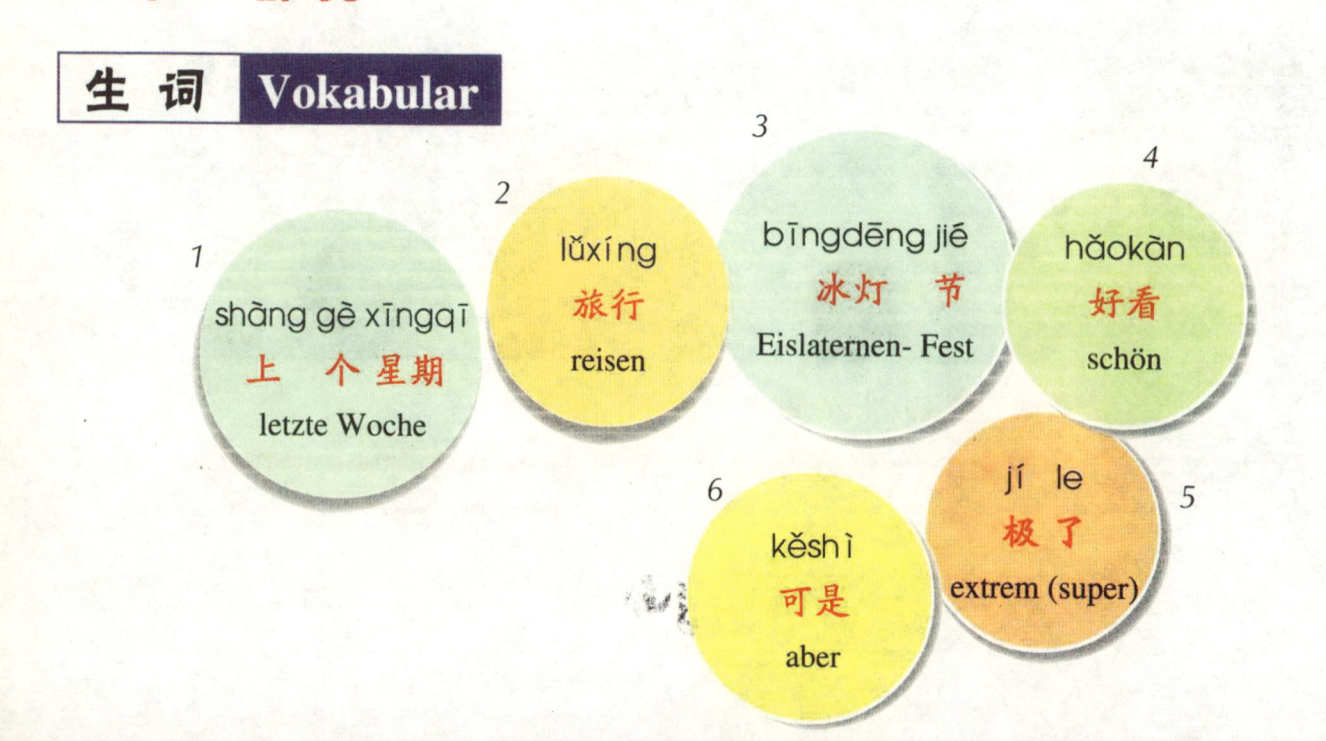

生词　Vokabular

1. shàng gè xīngqī 上个星期 — letzte Woche
2. lǚxíng 旅行 — reisen
3. bīngdēng jié 冰灯节 — Eislaternen-Fest
4. hǎokàn 好看 — schön
5. jí le 极了 — extrem (super)
6. kěshì 可是 — aber

第 11 单元

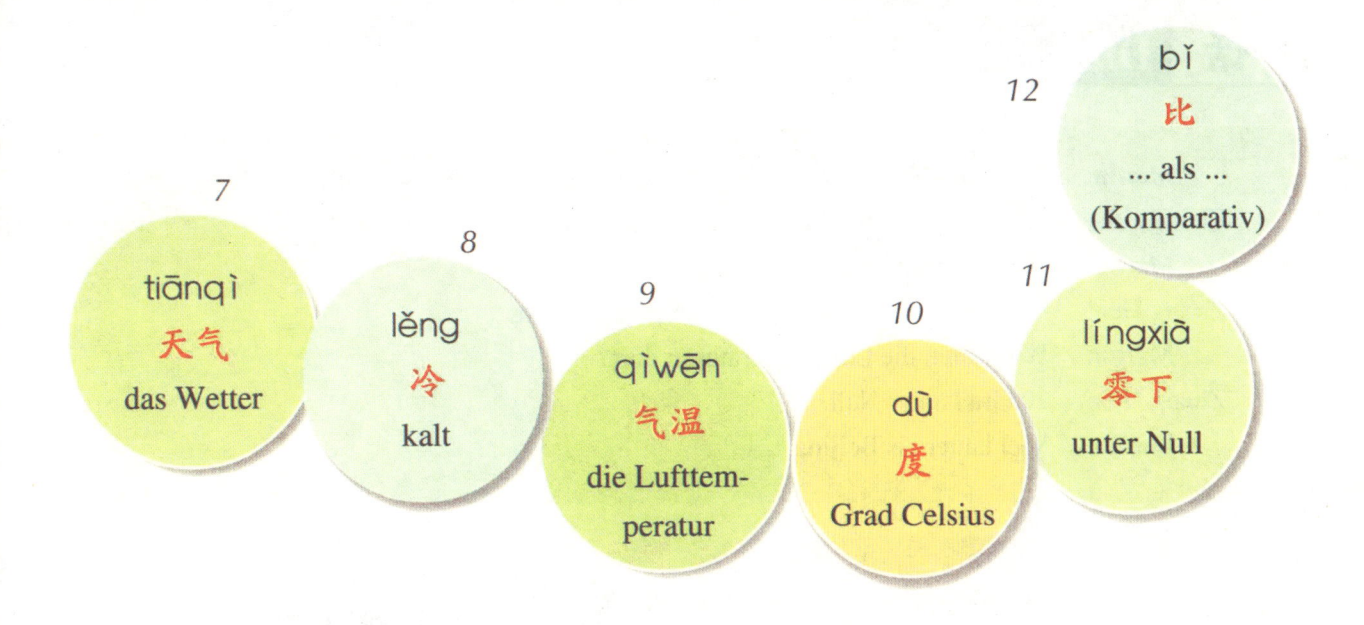

7. tiānqì 天气 das Wetter
8. lěng 冷 kalt
9. qìwēn 气温 die Lufttemperatur
10. dù 度 Grad Celsius
11. língxià 零下 unter Null
12. bǐ 比 ... als ... (Komparativ)

句子 Sätze

2. 那儿的 气温 是 多少 度?
   Nàr de qìwēn shì duōshao dù?

1. 冰灯 漂亮 极了，可是 那儿的 天气 太 冷 了。
   Bīngdēng piàoliang jí le, kěshì nàr de tiānqì tài lěng le.

4. 比 北京 冷 多 了。
   Bǐ Běijīng lěng duō le.

3. 零下 二十二 度。
   Língxià èrshí'èr dù.

1. Die Eislaternen sind extrem schön, aber das Wetter dort ist zu kalt.
2. Wie sind die Lufttemperaturen dort?
3. 22 Grad Celsius unter Null.
4. Viel kälter als in Beijng.

太冷了！

会话 Dialoge

Martin: Ich habe gehört, dass du letzte Woche eine Reise gemacht hast.
Zhang Hua: Ja, ich war in Harbin und habe die Eislaternen gesehen.
Martin: Waren die Eislaternen schön?
Zhang Hua: Super schön, aber das Wetter dort war zu kalt.
Martin: Wie waren die Lufttemperaturen dort?
Zhang Hua: 20 Grad unter Null.
Martin: Viel kälter als Beijing.

马丁： 听说 上个星期你去旅行了。
Mǎdīng: Tīngshuō shàng gè xīngqī nǐ qù lǚxíng le.

张华： 对，我去哈尔滨看冰灯了。
Zhāng Huá: Duì, wǒ qù Hā'ěrbīn kàn bīngdēng le.

马丁： 冰灯好看吗？
Mǎdīng: Bīngdēng hǎo kàn ma?

张华： 漂亮极了，可是那儿的天气太冷了。
Zhāng Huá: Piàoliang jí le, kěshì nàr de tiānqì tài lěng le.

马丁： 那儿的气温是多少度？
Mǎdīng: Nàr de qìwēn shì duōshao dù?

张华： 零下二十二度。
Zhāng Huá: Líng xià èrshí'èr dù.

马丁： 比北京冷多了。
Mǎdīng: Bǐ Běijīng lěng duō le.

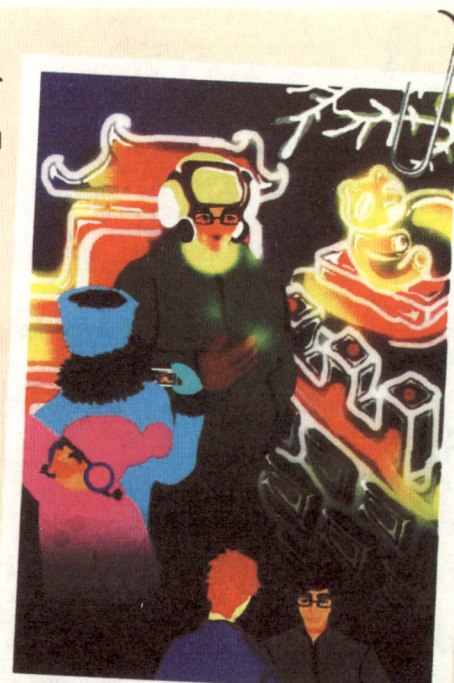

第 11 单元

活动 Aktivitäten

语音练习 Phonetik

chūntiān —— qiūtiān

xiàtiān —— dōngtiān

língshàng —— língxià

练一练 Üben

很 冷
hěn lěng

太 冷 了
tài lěng le

冷 极 了
lěng jí le

很好 hěn hǎo

很大 hěn dà

很忙 hěn máng

很高兴 hěn gāoxìng

很漂亮 hěn piàoliang

太冷了！▶▶▶

替换练习
Transferübungen

▶ 哈尔滨 比 北京 冷。
Hā'ěrbīn bǐ Běijīng lěng.

今天 jīntiān	昨天 zuótiān	热 rè
春天 chūntiān	冬天 dōngtiān	暖和 nuǎnhuo
她 tā	她姐姐 tā jiějie	好看 hǎokàn
这件毛衣 zhè jiàn máoyī	那件毛衣 nà jiàn máoyī	贵 guì

▶ 哈尔滨 比 北京 冷 多 了。
Hā'ěrbīn bǐ Běijīng lěng duō le.

饭店 fàndiàn	饭馆 fànguǎn	大 dà
冬天 dōngtiān	秋天 qiūtiān	冷 lěng
飞机 fēijī	汽车 qìchē	快 kuài
苹果 píngguǒ	草莓 cǎoméi	便宜 piányi
北京 Běijīng	上海 Shànghǎi	干燥 gānzào

第 11 单元

第二部分

生词 Vokabular

1. huì 会 — es wird
2. tiānqì yùbào 天气 预报 — der Wetterbericht / die Wettervorhersage
3. xià yǔ 下雨 — es regnet
4. yǔ 雨 — der Regen
5. dài 带 — mitnehmen / mitbringen
6. yǔsǎn 雨伞 — der Regenschirm
7. bǎ 把 — Zählwort

句子 Sätze

1. 今天 会 下雨 吗?
   Jīntiān huì xià yǔ ma?

2. 天气 预报 说 今天 有 大 雨。
   Tiānqì yùbào shuō jīntiān yǒu dà yǔ.

3. 我 没 带 雨伞。
   Wǒ méi dài yǔsǎn.

1. Wird es regnen?
2. Der Wetterbericht meldet für heute starken Regen.
3. Ich habe keinen Regenschirm mitgenommen.

太冷了！

会 话 Dialoge

马丁： 今天 会 下 雨 吗？
Mǎdīng: Jīntiān huì xià yǔ ma?

宋丽丽： 天气 预报 说 今天 有 大 雨。
Sòng Lìli: Tiānqì yùbào shuō jīntiān yǒu dà yǔ.

马丁： 是 吗？我 没 带 雨伞。
Mǎdīng: Shì ma? Wǒ méi dài yǔsǎn.

宋丽丽： 我 有 两 把 雨伞，给你 一 把。
Sòng Lìli: Wǒ yǒu liǎng bǎ yǔsǎn, gěi nǐ yì bǎ.

马丁： 太 好 了。
Mǎdīng: Tài hǎo le.

Martin: Wird es heute regnen?
Song Lili: Ja, der Wetterbericht meldet für heute starken Regen.
Martin: Wirklich? Ich habe keinen Regenschirm mitgenommen.
Song Lili: Ich habe zwei Regenschirme, ich gebe dir einen.
Martin: Na prima!

第 11 单元

活动　Aktivitäten

练一练
Üben

……会……
huì

今天 _____（刮 风）　　明天 _____（下 雨）
jīntiān　　　（guā fēng）　míngtiān　　　（xià yǔ）

下午 _____（下 雪）　　晚上 _____（有 雾）
xiàwǔ　　　 （xià xuě）　wǎnshang　　　（yǒu wù）

请把下面的句子改成带"没"的否定句
Bitte schreiben Sie die untenstehenden Sätze mit einer Negation

例：我 带 雨伞 了。　→　我 没 带 雨伞。
lì：Wǒ dài yǔsǎn le.　　　Wǒ méi dài yǔsǎn.

1. 上午 我 买 雨伞 了。
   Shàngwǔ wǒ mǎi yǔsǎn le.　→ _____

2. 昨天 晚上 下 雪 了。
   Zuótiān wǎnshang xià xuě le.　→ _____

3. 前天 我 和 朋友 去 饭馆 了。
   Qiántiān wǒ hé péngyou qù fànguǎn le.　→ _____

4. 今天 早上 刮 大风 了。
   Jīntiān zǎoshang guā dàfēng le.　→ _____

模仿说话
Sprechen Sie nach

例：北京 的 春天 很 暖和 也 很 干燥，
lì：Běijīng de chūntiān hěn nuǎnhuo yě hěn gānzào,
　　常常 刮 风。
　　chángcháng guā fēng.

太冷了！▶▶▶

请用下面的词说说北京的夏天。
Bitte beschreiben Sie mit den untenstehenden Ausdrücken den Pekinger Sommer.

夏天	热	潮湿	下雨
xiàtiān	rè	cháoshī	xià yǔ

听录音判断对错
Hörübungen: Wählen Sie die richtige Antwort

1. 北京 夏天 很 热。（　　）
   Běijīng xiàtiān hěn rè.

2. 北京 冬天 不 冷。（　　）
   Běijīng dōngtiān bù lěng.

3. 北京 冬天 常常 下雪。（　　）
   Běijīng dōngtiān chángcháng xià xuě.

认汉字
Chinesische Schriftzeichen

雨　　　风　　　雪

yǔ — der Regen
fēng — der Wind 
xuě — der Schnee

第 **11** 单元

你知道吗？

Wussten Sie, dass...?

在古代，人们用动物做代表来纪年。一共用了十二种动物，每十二年是一个轮回。这十二种动物是：鼠、牛、虎、兔、龙、蛇、马、羊、猴、鸡、狗、猪。

Im Alten China verlieh man den Jahren Tiernamen als Merkmale. Insgesamt gibt es 12 solche Tiermerkmale, die sich in einem 12-Jahre-Zyklus wiederholen. Die 12 Tierzeichen sind: die Ratte, der Büffel, der Tiger, der Hase, der Drache, die Schlange, das Pferd, die Ziege, der Affe, der Hahn, der Hund und das Schwein.

补充词语表 Ergänzungen zum Vokabular

暖和	nuǎnhuo	warm
干燥	gānzào	trocken
热	rè	heiß
潮湿	cháoshī	feucht
忙	máng	beschäftigt
高兴	gāoxìng	fröhlich
飞机	fēijī	das Flugzeug
汽车	qìchē	das Auto
接	jiē	abholen
收拾	shōushi	aufräumen
台灯	táidēng	die Tischlampe

下雪	xià xuě	schneien
有雾	yǒu wù	neblig
刮风	guā fēng	windig
春天	chūntiān	der Frühling
夏天	xiàtiān	der Sommer
秋天	qiūtiān	der Herbst
冬天	dōngtiān	der Winter

晴	qíng	sonnig
阴	yīn	bedeckt
多云	duōyún	wolkig, bewölkt

第 12 单元

Qǐng bǎ zhuōzi cā yíxiàr
请 把 桌子 擦 一下儿

Bitte wisch den Tisch ab!

学习目标 / Lernziel
- 学会与家务活动相关的常用语 / Redemittel im Haushalt

第 12 单元

热身 Einführung

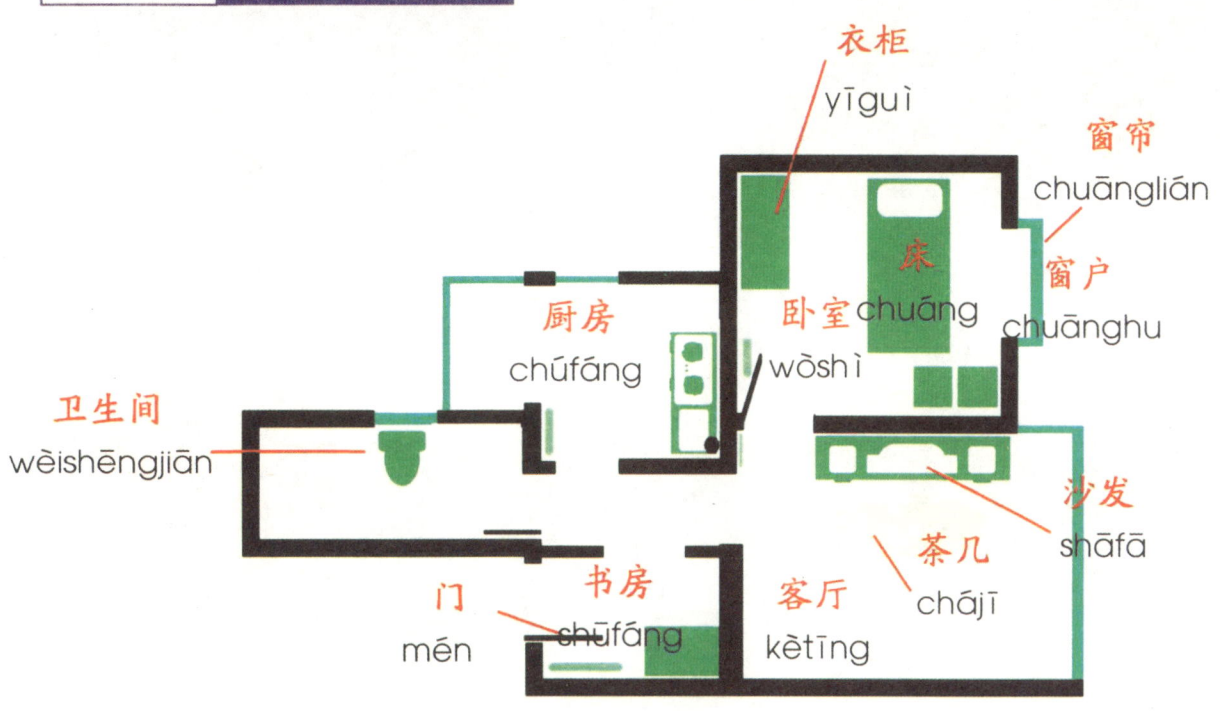

房间平面图:
- 衣柜 yīguì
- 窗帘 chuānglián
- 床 chuáng
- 窗户 chuānghu
- 厨房 chúfáng
- 卧室 wòshì
- 卫生间 wèishēngjiān
- 沙发 shāfā
- 门 mén
- 书房 chūfáng
- 客厅 kètīng
- 茶几 chájī

第一部分

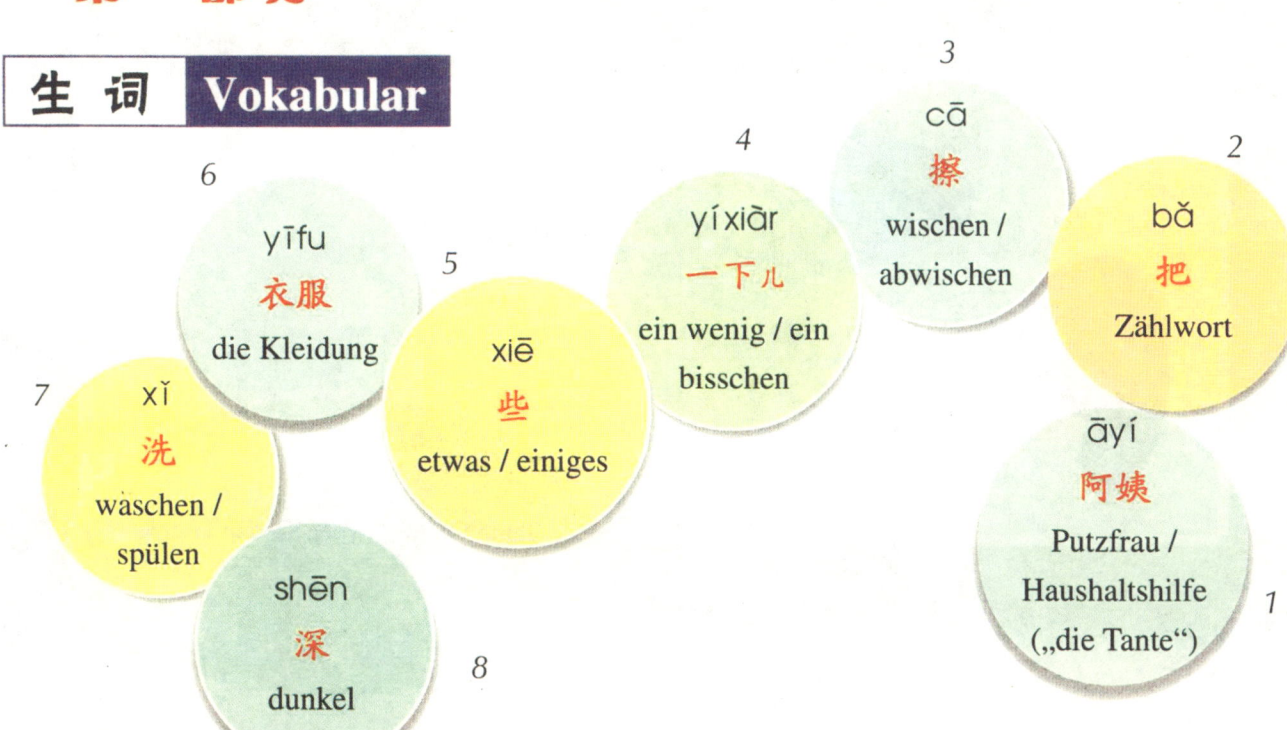

生词 Vokabular

1. āyí 阿姨 — Putzfrau / Haushaltshilfe („die Tante")
2. bǎ 把 — Zählwort
3. cā 擦 — wischen / abwischen
4. yíxiàr 一下儿 — ein wenig / ein bisschen
5. xiē 些 — etwas / einiges
6. yīfu 衣服 — die Kleidung
7. xǐ 洗 — waschen / spülen
8. shēn 深 — dunkel

请把桌子擦一下儿 ▶▶▶

9 qiǎn 浅 hell

10 fēnkāi 分开 trennen

11 yào 要 wollen

12 yùn 熨 bügeln

13 lìngwài 另外 außerdem

14 wèishēngjiān 卫生间 das Bad

15 dǎsǎo 打扫 putzen / aufwischen

16 wèntí 问题 die Frage / das Problem

句子 Sätze

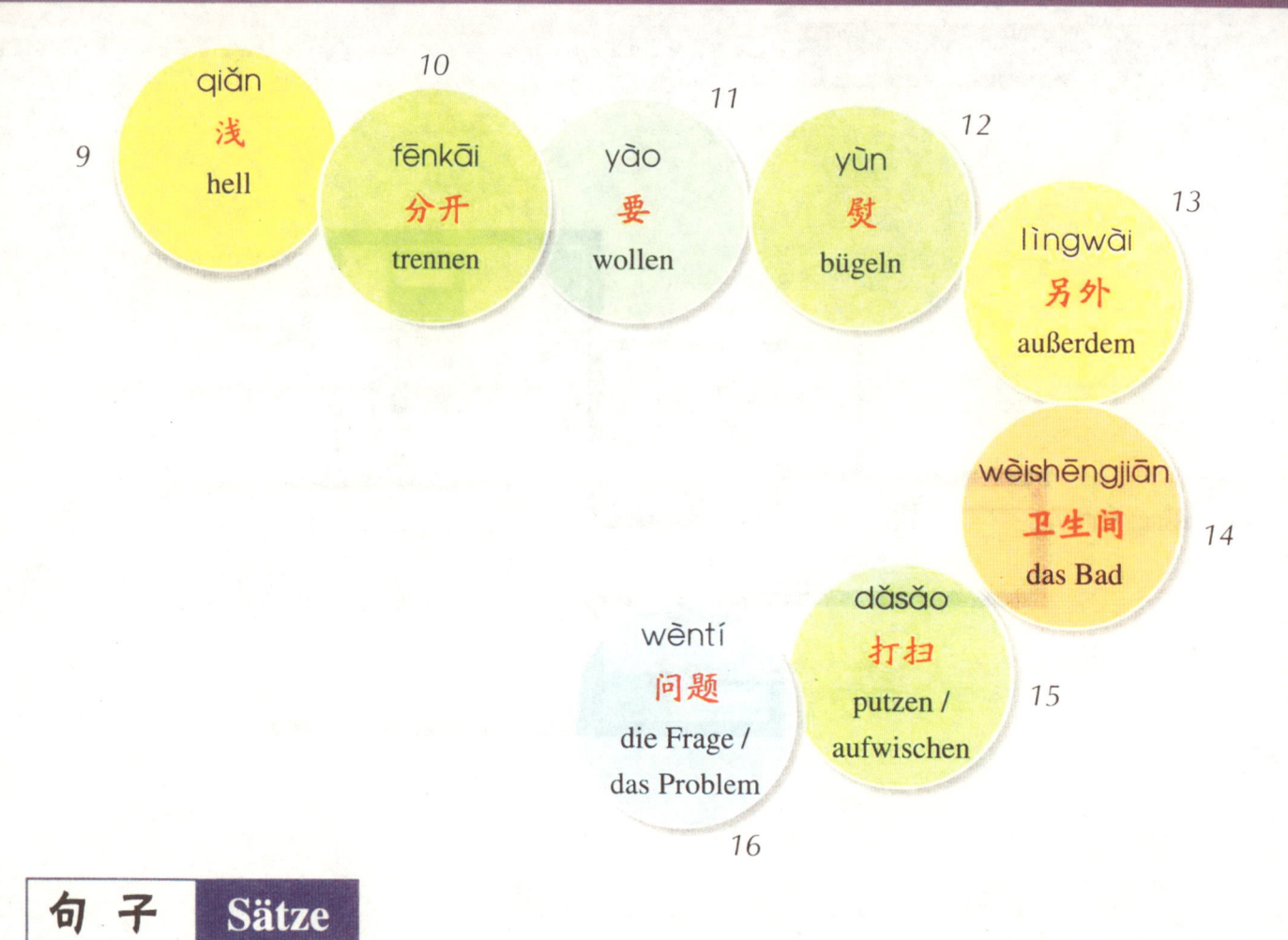

阿姨，请 把 桌子 擦 一下儿。
Āyí, qǐng bǎ zhuōzi cā yíxiàr.

„Tante", bitte wischen Sie den Tisch ab.

第 12 单元

会话 Dialoge

Katherin: „Tante", bitte wischen Sie den Tisch ab!
Haushaltshilfe: Gut.
Katherin: Waschen Sie bitte die Kleider! Die dunklen und die hellen Sachen müssen getrennt gewaschen werden.
Haushaltshilfe: Klar. Müssen die Kleider dort gebügelt werden?
Katherin: Ja bitte. Putzen Sie außerdem auch das Badezimmer bitte.
Haushaltshilfe: Kein Problem.

卡特琳: 阿姨，请把桌子擦一下儿[24]。
Kǎtèlín: Āyí, qǐng bǎ zhuōzi cā yíxiàr.

阿姨: 好。
āyí: Hǎo.

卡特琳: 把这些衣服洗一下儿。
Kǎtèlín: Bǎ zhèxiē yīfu xǐ yíxiàr.

深颜色的和浅颜色的
Shēn yánsè de hé qiǎn yánsè de

要分开洗。
yào fēnkāi xǐ.

阿姨: 行。那些衣服要
āyí: Xíng. Nàxiē yīfu yào

熨吗?
yùn ma?

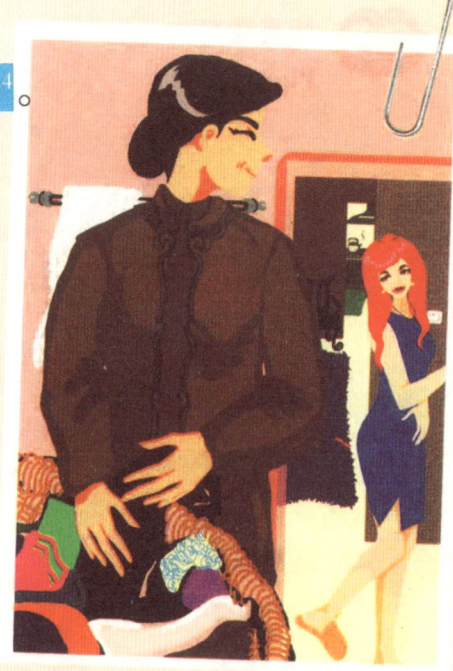

注释

把桌子擦一下儿[24] ist ein Satz mit dem Zählwort „把" „ba". Um die Wichtigkeit des Objekts dem handlungstragenden Subjekt gegenüber zu verstärken, wird das Zählwort „ba" zusammen mit dem Objekt vor das Verb Prädikat gestellt. Auf das Verb folgt das Ergebnis der Handlung. Die Grundstruktur solcher Sätze ist also: Subjekt + „ba" + Objekt (Nomen) + Verb + weitere Angaben. "一下儿 yixiar" macht die Aussage freundlicher.

请把桌子擦一下儿 ▶▶▶

卡特琳：要。另外，请 你 把 卫生间 也 打扫 一下儿。
Kǎtèlín: Yào. Lìngwài, qǐng nǐ bǎ wèishēngjiān yě dǎsǎo yíxiàr.

阿姨：没 问题。
āyí: Méi wèntí.

活动 Aktivitäten

语音练习 Phonetik

fángjiān —— fàndiàn
zhuōzi —— zhuózi
yīfu —— xīfú
chúfáng —— zūfáng

替换练习 Transferübungen

擦
cā

阿姨，请 把 桌子 擦 一下儿。
Āyí, qǐng bǎ zhuōzi cā yíxiàr

玻璃
bōlí

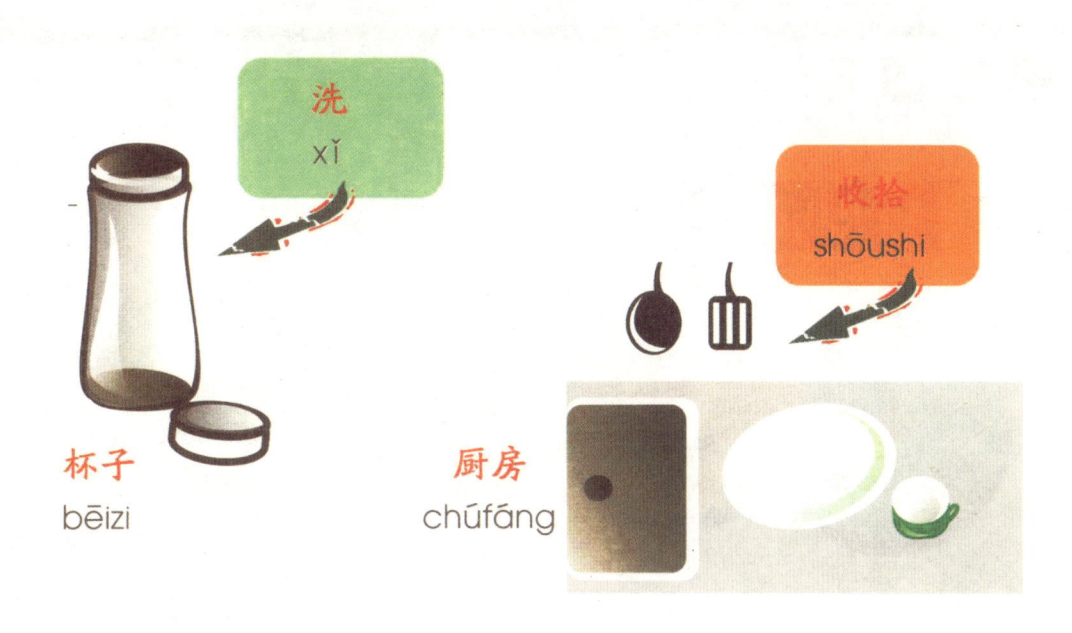

第 12 单元

洗
xǐ

杯子
bēizi

收拾
shōushi

厨房
chúfáng

把下面的词按正确的顺序排列成句
Bilden Sie richtige Sätze

1. 打扫　　房间　　一下儿　请　把
   dǎsǎo fángjiān yíxiàr qǐng bǎ

2. 阿姨　把　请　　　窗帘　　　一下儿　洗
   āyí   bǎ qǐng chuānglián yíxiàr xǐ

3. 把　　衣服　这些　　一下儿　熨
   bǎ   yīfu zhèxiē yíxiàr   yùn

4. 桌子　　请　　收拾　　把　一下儿
   zhuōzi qǐng shōushí bǎ yíxiàr

5. 请　　杯子　碗　　这些　和　洗　把　一下儿
   qǐng bēizi wǎn zhèxiē hé xǐ bǎ yíxiàr

145

请把桌子擦一下儿

第二部分

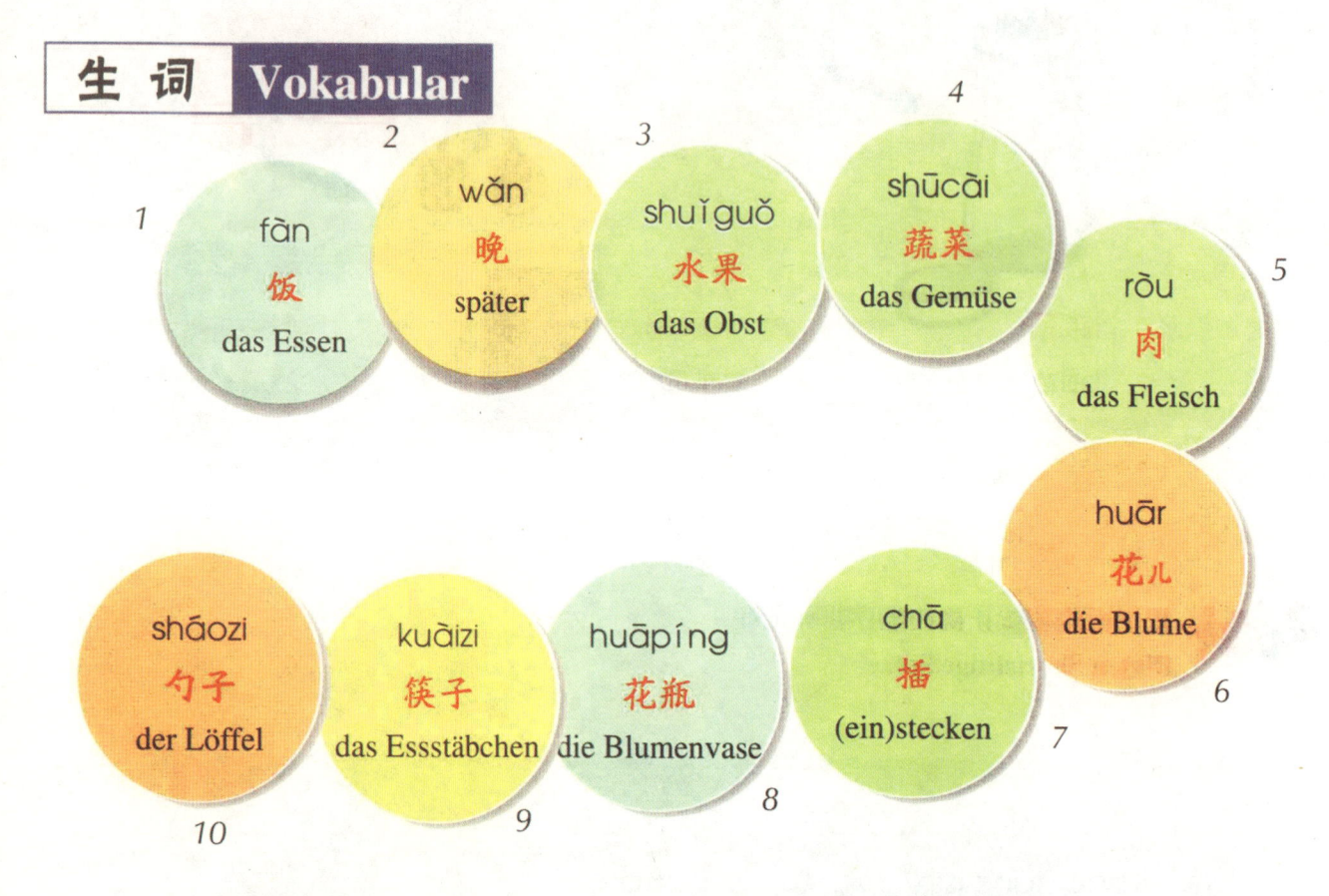

生词 Vokabular

1. fàn 饭 das Essen
2. wǎn 晚 später
3. shuǐguǒ 水果 das Obst
4. shūcài 蔬菜 das Gemüse
5. ròu 肉 das Fleisch
6. huār 花儿 die Blume
7. chā 插 (ein)stecken
8. huāpíng 花瓶 die Blumenvase
9. kuàizi 筷子 das Essstäbchen
10. sháozi 勺子 der Löffel

句子 Sätze

把这些 筷子、勺子、碗
Bǎ zhèxiē kuàizi、sháozi、wǎn
放 到 桌子 上。
fàng dào zhuōzi shàng.

Leg diese Essstäbchen und die Löffel auf den Tisch und stell die Schalen auf den Tisch!

第 12 单元

会 话 Dialoge

卡特琳： 今天 晚上 我的 朋友 来家里吃 饭，
Kǎtèlín: Jīntiān wǎnshang wǒ de péngyou lái jiāli chī fàn,

你晚 点儿 走，行 吗?
nǐ wǎn diǎnr zǒu, xíng ma?

阿姨： 行。
āyí: Xíng.

卡特琳： 我去 商店 买了一些 水果、蔬菜、肉，还 有 花儿。
Kǎtèlín: Wǒ qù shāngdiàn mǎi le yìxiē shuǐguǒ、shūcài、ròu, hái yǒu huār.

你把 蔬菜和 水果 洗 一下儿。
Nǐ bǎ shūcài hé shuǐguǒ xǐ yíxiàr.

阿姨： 好。把 花儿插 到 花瓶 里吗?
āyí: Hǎo. Bǎ huār chā dào huāpíng lǐ ma?

卡特琳： 对。另外， 把 这些 筷子、勺子、碗 放 到 桌子 上。
Kǎtèlín: Duì. Lìngwài, bǎ zhèxiē kuàizi、sháozi、wǎn fàng dào zhuōzi shàng.

Katherin: Heute Abend kommen meine Freunde zu mir zum Essen, können Sie ein wenig später nach Hause gehen? (.... ein wenig länger bleiben?)

Haushaltshilfe: Ja, das geht.

Katherin: Ich bin zum Geschäft gegangen und habe etwas Obst, Gemüse, Fleisch und Blumen gekauft. Können Sie bitte das Obst und das Gemüse ein wenig waschen?

Haushaltshilfe: Gut. Soll ich die Blumen in eine Vase stecken?

Katherin: Ja, und legen Sie außerdem diese Esstäbchen und Löffel auf den Tisch und stellen Sie diese Schalen auf den Tisch.

请把桌子擦一下儿 ▶▶▶

活动　Aktivitäten

替换练习
Transferübungen

明天　　晚上　我的　朋友
Míngtiān wǎnshang wǒ de péngyou
来　家里　吃饭。
lái　jiāli　chī fàn.

买　东西
mǎi dōngxi

吃　饭
chī fàn

去　商店
qù shāngdiàn

去　饭馆
qù fànguǎn

接她　妈妈
jiē tā māma

去　飞机场
qù fēijīchǎng

第 12 单元

看图完成对话
Ergänzen Sie den Dialog

▶ 把 花儿 插 到 花瓶 里 吗?
　Bǎ huār chā dào huāpíng lǐ ma?

▶ 对。 另外, 把 这些 筷子 、 勺子 、
　Duì. Lìngwài, bǎ zhèxiē kuàizi、sháozi、
　碗 放 到 桌子 上。
　wǎn fàng dào zhuōzi shàng.

杯子、盘子
bēizi、pánzi

鱼
yú

厨房
chúfáng

冰箱
bīngxiāng

衣服
yīfu

书
shū

衣柜
yīguì

书柜
shūguì

149

请把桌子擦一下儿 ▶▶▶

台灯
táidēng

花儿
huār

桌子
zhuōzi

窗台
chuāngtái

试用"把"字句请阿姨做下列事情
Bitten Sie „Ayi" mit „ba" Sätzen, die foldenden Arbeiten zu erledigen

Legen Sie die Äpfel in den Kühlschrank.
Stellen Sies die Schalen in die Küche.
Legen Sie die Bücher auf den Tisch.
Legen Sie die Pullover in den Kleiderschrank.
Stellen Sie die Blumen auf den Tisch.

听录音选择正确答案
Hörübungen: Wählen Sie die richtige Antwort

下列事情中哪一件阿姨不需要做？
Welche der untenstehenden Aufgaben soll die Haushaltshilfe nicht machen?

☐ a. 打扫　房间　　　　　☐ b. 洗　衣服
　　　dǎsǎo fángjiān　　　　　　 xǐ yīfu

☐ c. 熨　衣服　　　　　　☐ d. 把　衣服　放　到　衣柜　里
　　　yùn yīfu　　　　　　　　　bǎ yīfu fàng dào yīguì lǐ

第 12 单元

认汉字
Chinesische Schriftzeichen

gōnggòng wèishēngjiān
öffentliche Toilette

nǚ
Damen

nán
Männer

你知道吗？

Wussten Sie, dass...?

中国的亲属称谓比较复杂，依年龄、性别、父系母系和地域而不同，比如说，英文中没有区别的，中文中要区别称呼，称爸爸的父母为"爷爷"、"奶奶"，称妈妈的父母为"姥爷"、"姥姥"，后者在南方又称为"外公"、"外婆"。

中国的亲属称谓也广泛用于社会上非亲属关系的朋友、同事之间或邻里之间，以表示亲切和尊敬。例如：同龄人常以兄、弟、姐、妹相称，年轻人称与父母年龄相近的人为叔叔、阿姨等，称与祖父辈差不多年纪的人为爷爷、奶奶等。本课中"阿姨"是对女性"保姆"的习惯称法。

Die Namen, die für die Anrede der Familienmitglieder benutzt werden, sind im Chinesischen etwas komplizierter. Die Anrede hängt nicht nur vom Alter und Geschlecht ab, sondern auch davon, ob die Person von der Mutter- oder der Vaterseite stammt und woher die Person kommt. Während es zum Beipiel im Englischen keine unterschiedlichen Anreden gibt, gibt es im Chinesischen große Unterschiede. Die Anreden für die Eltern des Vaters sind „爷爷 Yeye" und „奶奶 Nainai", für die Eltern der Mutter jedoch „姥爷 laoye" und „姥姥 laolao" (in Südchina werden diese mit „外公 waigong" und „外婆 waipo" angeredet.)

Diese Anreden werden auch mit Personen, die nicht zur Familie gehören, z. B. mit Arbeitskollegen und Nachbarn benutzt, um Respekt und Nächstenliebe zu zeigen. Ein weiteres Beispiel: Gleichaltrige Personen werden häufig mit „Bruder" oder „ Schwester" angeredet. Jugendliche nennen Personen im Alter ihrer Eltern „Onkel" und „ Tante". Alte Leute, also im Alter der Großeltern werden mit „Opa" und „Oma" (Großvater / Großmutter) angesprochen. Die Anrede „Tante" („阿姨Ayi") in dieser Einheit ist die übliche Anrede für weibliche Haushaltshilfen, Putzfrauen und Kinderfrauen in China.

请把桌子擦一下儿

补充词语表 Ergänzungen zum Vokabular

接	jiē	abholen
收拾	shōushi	aufräumen
杯子	bēizi	das Glas / die Tasse

门	mén	die Tür
床	chuáng	das Bett
窗户	chuānghu	das Fenster
窗帘	chuānglián	der Vorhang
窗台	chuāngtái	das Fensterbrett
沙发	shāfā	das Sofa
茶几	chájī	der Teetisch
玻璃	bōlí	das Glas
台灯	táidēng	die Tischlampe

卧室	wòshì	das Schlafzimmer
客厅	kètīng	das Wohnzimmer
书房	shūfáng	das Arbeitszimmer
厨房	chúfáng	die Küche

语言注释
Sprachliche Anmerkungen

第1单元

1. "您贵姓？"
   "您"是你的尊称。一般用于正式场合或针对长者。

2. "吗"
   是最常用的疑问词。它总是出现在句子的结尾，表示一个简单的疑问。

3. "呢"
   可表示一种疑问。在有上文的情况下，常就上文谈到的情况进行提问。

4. "不"
   表示否定，用在它所否定的词的前面。

第3单元

5. "两"
   中文"两"和"二"都表示"2"这个数目。当"2"用于普通量词前表示某一事物的数量时，一般要用"两"。如："两斤苹果"。但数字"12、20、22"应读"十二、二十、二十二"。

6. "件"
   是衣服的量词。现代汉语中，数词一般不能单独用在名词前，需和量词组合后一起用在名词前。而且，不同事物一般都有自己特定的量词。其中，"个"是运用最广泛的一个量词。

7. "的"
   名词、动词、形容词、代词及某些短语后加"的"，构成"的"字结构，这个结构在句中的语法功能相当于一个名词的语法功能。"的"字结构一定要在语义清楚的情况下使用。

8. "试试"
   是动词"试"的重叠形式。汉语中有些动词可以重叠使用，表示轻松、随便的语气，或动作时间短、幅度小，也可表示尝试的意思。

第4单元

9. "能……吗"
   表示请求。

10. "结账"
    也可以说"买单"。

第5单元

11. "有"
    "有"的否定式是"没有"。

12. "你哥哥今年多大"
    这是用来问成年人年龄的方法，问老人说"您今年多大年纪？"，问小孩说"你今年几岁？"。

13. "漂亮"
    形容词可以单独作谓语，不需要"是"。

第6单元

14. "在不在"
    汉语中，把动词、形容词的肯定形式和否定形式并列起来，可以构成正反疑问句，这种疑问句的作用和用"吗"的一般疑问句类似，但句尾不能再用"吗"。

15. "就"
    表示强调，意思是接电话的不是别人，正好是对方要找的人。

16. "了"
    主要表示动作的状态变化，肯定某件事或某个情况已经发生。这类句子的否定形式是在动词前加副词"没（有）"，去掉句尾"了"。

17. "13601237445"
    在电话号、房间号、车牌号等号码中，数字"1"一般读作"yāo"。

第7单元

18. "吧"
    用在陈述句尾，表示建议的口气。

第9单元

19. "有一点儿"

通常放在动词或形容词前面，表示程度轻微。

20. "了"

语气助词"了"在此处表示情况发生了变化。

第10单元

21. "会"

助动词"会"表示经过学习掌握了某种技能。有时也表示有可能（见第11课）。

22. "得"

这是程度补语的表达方式，助词"得"出现在动词和补充说明动作进行程度的词之间。疑问句形式为："动词＋得＋形容词＋吗？"或者"动词＋得＋怎么样？"

23. "能"

助动词"能"在此表示环境或情理上许可。例如"明天我不能去上班。"

第12单元

24. "把桌子擦一下儿"

这是一个"把"字句。汉语里有时要强调施事主语对受事宾语加以处置，并产生一定的影响、结果时，就用介词"把"将受事宾语提前到谓语动词前，谓语后是对受事宾语处置后的影响与结果，这样的句子叫"把"字句。其基本格式为：主语（施事）＋把＋名词（受事）＋动词＋其他成分。

录音文本
Transkriptionen zu den Hörtexten

第 1 单元
1. 你好吗？
2. 您贵姓？

第 2 单元
1. 马丁：你今天去朋友家吗？
   卡特琳：不去，我明天下午去。
   马丁：你几点去？
   卡特琳：我三点半去。

2. 卡特琳：马丁，你几点吃晚饭？
   马丁：现在几点？
   卡特琳：现在六点一刻。
   马丁：我七点吃晚饭。

第 3 单元
1. 张华：草莓怎么卖？
   卖水果的人：十五块一斤。要多少？
   张华：要一斤。

2. 卡特琳：毛衣怎么卖？
   卖衣服的人：三百八。
   卡特琳：太贵了，一百八，行吗？
   卖衣服的人：不行。

第 4 单元
1. 我不要面条，我要一碗米饭。
2. 小姐，给我一个盘子。

第 5 单元
1. 宋丽丽：汤姆，你有哥哥吗？
   汤姆：没有，我有一个姐姐和一个弟弟。

2. 卡特琳：小明，你今年多大？
   小明：六岁。

第 6 单元
1. 马丁：喂？您好！
   宋丽丽：你好！你哪位？
   马丁：我是马丁。珍妮在吗？
   宋丽丽：在，请稍等。

2. 马丁：喂？你找谁？
   宋丽丽：珍妮在吗？
   马丁：不在，她去飞机场了。
   宋丽丽：我是宋丽丽。请她给我回电话，行吗？
   马丁：你的电话是多少？
   宋丽丽：65323005。

第 7 单元
1. 张华：请问去王府井怎么走？
   卡特琳：一直走，然后往右拐。
   张华：到红绿灯往右拐吗？
   卡特琳：对。

2. 张华：你怎么回家？
   卡特琳：坐出租车。
   张华：要多长时间？
   卡特琳：20分钟。

第 8 单元
1. 朝阳公园离我家不远，就在我家的西边。
2. 公园西边有一个大超市，那里的东西很多很便宜。
3. 公园南边还有一个饭馆，我每星期去那儿吃饭。

第 9 单元
1. 卡特琳：你怎么了？
   张华：我不舒服。
   卡特琳：你感冒了？
   张华：不，我累了。

2. 卡特琳：马丁怎么了？
   张华：他感冒了。
   卡特琳：他去医院了吗？
   张华：没去，他休息两天就好了。

第 10 单元

1. 张华：宋丽丽，你怎么去上班？
   宋丽丽：我骑车去。
   张华：你会开车吗？
   宋丽丽：会。

2. 张华：宋丽丽，下班以后你常常打网球吗？
   宋丽丽：有时候打。
   张华：今天打吗？
   宋丽丽：今天我去游泳。

第 11 单元

北京夏天很热，常常下雨。冬天很冷，可是不常下雪。

第 12 单元

马丁：阿姨，请把房间打扫一下儿。
阿姨：好，这些衣服要洗吗？
马丁：要。另外，把那些衣服放到衣柜里。
阿姨：行。

词 汇 表
Vokabelliste

阿姨	āyí	Putzfrau /Haushaltshilfe („die Tante")	12
矮	ǎi	klein	*5
八	bā	acht	*1
把	bǎ	Zählwort	12
把	bǎ	Zählwort	*4;11
爸爸	bàba	Papa	5
吧	ba	„ba"! (bei Aufforderungen)	7
白	bái	weiß	*3
搬家	bānjiā	umziehen	8
半	bàn	halb	2
办公室	bàngōngshì	das Büro	*6
薄	báo	dünn	*3
保安	bǎo'ān	der/die Sicherheitsbeamte	*5
杯子	bēizi	das Glas / die Tasse	*12
北	běi	Norden	*7
本	běn	Zählwort (Buch / Heft)	8
比	bǐ	als ...(Komparativ)	11
别	bié	nicht	4
别的	biéde	etwas Anderes	4
冰灯	bīngdēng	Eislaternen- Fest	11
冰箱	bīngxiāng	der Kühlschrank	*8
病	bìng	krank	9
病毒	bìngdú	der Virus	10
病人	bìngrén	der /die Patient/in	9
玻璃	bōlí	das Glas	*12
不错	bú cuò	nicht schlecht	*10
不客气	bú kèqi	Bitte (nach dem Dank)	*1
不	bù	nicht	1
擦	cā	wischen / abwischen	12
草莓	cǎoméi	die Erdbeere	3
菜	cài	die Speise/das Gericht	4
菜单	càidān	die Speisekarte	4
餐巾纸	cānjīnzhǐ	die Serviette	4
插	chā	(ein)stecken	12
叉子	chāzi	die Gabel	*4
茶	chá	der Tee	*4
茶几	chájī	der Teetisch	*12
差	chà	vor	*2
长	cháng	lang	*3
常常	chángcháng	oft /normalerweise	10
长城	Chángchéng	die Große Mauer	*6
超市	chāoshì	der Supermarkt	8

潮湿	cháoshī	feucht	*11
炒面	chǎomiàn	gebratene Nudeln	*4
车站	chēzhàn	die Haltestelle	*8
衬衫	chènshān	das Hemd	*3
橙汁	chéngzhī	Orangensaft	*4
橙子	chéngzi	die Apfelsine / Orange	*3
吃	chī	essen	*2
吃饭	chī fàn	essen	*9
出租车	chūzūchē	das Taxi	*7
厨房	chúfáng	die Küche	*12
厨师	chúshī	der Koch / die Köchin	*5
穿	chuān	anziehen	*3
传真	chuánzhēn	das Fax	*6
窗户	chuānghu	das Fenster	*12
窗帘	chuānglián	der Vorhang	*12
窗台	chuāngtái	das Fensterbrett	*12
床	chuáng	das Bett	*12
春天	chūntiān	der Frühling	*11
次	cì	-mal	10
聪明	cōngmíng	klug	*5
错	cuò	falsch- (verbunden)	6
打	dǎ	schlagen (hier: spielen)	10
打包	dǎbāo	einpacken	4
打（电话）	dǎ (diànhuà)	anrufen	6
打扫	dǎsǎo	putzen / aufwischen	12
大	dà	groß	3
大使馆	dàshǐguǎn	die Botschaft	*5
带	dài	mitnehmen / mitbringen	11
刀子	dāozi	das Messer	*4
到	dào	bis/ankommen	7
德国	Déguó	Deutschland	*1
德国人	Déguórén	Deutsche	*1
德语	Déyǔ	Deutsch	*10
的	de	Hilfswort	3
得	de	Ergänzung zum Adj.	10
得	děi	müssen	9
弟弟	dìdi	der jüngere Bruder	5
第二	dì'èr	zweite	*7
地铁	dìtiě	die U-Bahn	*7
点	diǎn	Uhr	2
点	diǎn	bestellen	4
电话	diànhuà	das Telefon	6
电脑	diànnǎo	der Computer	10
电视	diànshì	der Fernseher	*8
电子邮件	diànzǐ yóujiàn	die E-Mail	*6
东	dōng	Osten	*7
东西	dōngxi	Dinge / Sachen	*10

冬天	dōngtiān	der Winter	*11
堵车	dǔchē	der Straßenstau	7
度	dù	Grad Celsius	11
肚子	dùzi	der Bauch	*9
短	duǎn	kurz	*3
短信	duǎnxìn	SMS / Kurzmeldung	*6
对	duì	richtig	8
对不起	duìbuqǐ	Entschuldigung	*1
对面	duìmiàn	gegenüber / auf der anderen Seite	8
多	duō	viel	9
多大	duō dà	wie alt	5
多少	duōshao	wie viel	3
多云	duōyún	wolkig, bewölkt	*11
俄语	Éyǔ	Russisch	*10
儿子	érzi	der Sohn	*5
二	èr	zwei	*1
二十	èrshí	zwanzig	*1
二十一	èrshíyī	einundzwanzig	*1
发	fā	senden / schicken	*6
发票	fāpiào	die Quittung	7
发烧	fāshāo	das Fieber	9
法国	Fǎguó	Frankreich	*1
法国人	Fǎguórén	Franzose / Französin / Franzosen	*1
法语	Fǎyǔ	Französisch	*10
饭	fàn	das Essen	12
饭店	fàndiàn	das Hotel	*5
饭馆	fànguǎn	das Restaurant	*8
房子	fángzi	das Haus / die Wohnung	8
放	fàng	dazugeben	4
飞机	fēijī	das Flugzeug	*11
飞机场	fēijīchǎng	der Flughafen	*6
肥	féi	weit	*3
分	fēn	die Minute	*3
分	fēn	1 chinesischer Cent	*2
分开	fēnkāi	trennen	12
分钟	fēnzhōng	Minute	7
夫人	fūrén	die Ehefrau	8
附近	fùjìn	in der Nähe	8
父亲	fùqīn	der Vater	*5
干燥	gānzào	trocken	*11
感冒	gǎnmào	erkältet	9
高	gāo	groß	*5
高兴	gāoxìng	fröhlich	*11
告诉	gàosù	sagen	9
胳膊	gēbo	der Arm	*9

哥哥	gēge	älterer Bruder	5
个	gè	Zählwort	4
给	gěi	geben	4
给	gěi	geben	6
宫保鸡丁	gōngbǎo jīdīng	Hähnchen mit Erdnüssen	4
公司	gōngsī	die Firma	*5;7
公寓	gōngyù	der Wohnblock / das Wohnhaus	*8
公园	gōngyuán	der Park	8
工作	gōngzuò	arbeiten	5
刮风	guā fēng	windig	*11
贵	guì	teuer	3
国	guó	das Land	1
过街天桥	guòjiē tiānqiáo	die Fußgängerbrücke	*7
还	hái	noch	4
汉语	Hànyǔ	das Chinesisch	*10
好	hǎo	gut	1
好看	hǎokàn	schön	11
号（日）	hào(rì)	der Tag	2
喝	hē	trinken	4
和	hé	und	5
黑	hēi	schwarz	*3
很	hěn	sehr	1
红	hóng	rot	3
红绿灯	hónglǜdēng	die Ampel	7
厚	hòu	dick	*3
后（边）	hòu(bian)	hinter	*8
后天	hòutiān	übermorgen	*2
壶	hú	die Kanne	4
胡萝卜	húluóbo	die Möhre	*3
护士	hùshi	die Krankenschwester/ der Krankenpfleger	*5
花茶	huāchá	der Jasmintee	4
花瓶	huāpíng	die Blumenvase	12
花儿	huār	die Blume	12
滑冰	huábīng	Eis laufen	*10
画画	huà huà	malen	*10
坏	huài	schlecht	10
黄	huáng	gelb	*3
黄瓜	huánggua	die Gurke	*3
灰	huī	grau	*3
回	huí	zurückkommen	2
会	huì	können(gelernt haben)	10
会	huì	es wird	11
鸡	jī	das Hähnchen	*4
鸡蛋汤	jīdàntāng	die Eiersuppe	*4
极了	jí le	extrem (super)	11
几	jǐ	wieviel	2

家	jiā	nach Hause	2
夹克	jiākè	die Jacke	*3
件	jiàn	Zählwort Kleider	3
健身	jiànshēn	Fitness	*10
健身房	jiànshēnfáng	das Fitness-Zentrum	10
姜	jiāng	der Ingwer	*4
饺子	jiǎozi	die Maultaschen	*4
脚	jiǎo	der Fuß	*9
叫	jiào	heißen	1
接	jiē	abholen	*12
结账	jiézhàng	bezahlen	4
姐姐	jiějie	ältere Schwester	5
斤	jīn	Jin (das Pfund)	3
今年	jīnnián	dieses Jahr	5
今天	jīntiān	heute	2
近	jìn	nah	7
九	jiǔ	neun	*1
九十九	jiǔshíjiǔ	neunundneunzig	*1
就	jiù	gerade / eben	6
开车	kāichē	Auto fahren	7
看	kàn	sehen/schauen	4
烤鸭	kǎoyā	die Peking Ente	*4
可爱	kě'ài	süß	*5
可口可乐	kěkǒukělè	die Cola	*3
可能	kěnéng	vielleicht / möglich	10
可是	kěshì	aber	11
咳嗽	késou	husten	9
刻	kè	die Viertelstunde / ein Viertel	*2
客厅	kètīng	das Wohnzimmer	*12
空	kōng	frei	10
口	kǒu	Mund (Zählwort Personen)	5
裤子	kùzi	die Hose	*3
快	kuài	schnell	4
块	kuài	Kuai	3
会计	kuàijì	der/die Buchhalter-in / Buchführer-in	*5
筷子	kuàizi	Essstäbchen	*4;12
辣椒	làjiāo	rote Paprika, Chilli	*4
蓝	lán	blau	*3
老板	lǎobǎn	der Chef	9
老师	lǎoshī	der Lehrer/die Lehrerin	5
累	lèi	müde	*9
冷	lěng	kalt	11
了	le	Interjektion am Ende eines Aussagesatzes	3
离	lí	von... (Ort) + entfernt	7
里（边）	lǐ(bian)	in	8
立交桥	lìjiāoqiáo	die Straßenbrücke / -überführung	*7

荔枝	lìzhī	die Litschi	*3
脸	liǎn	das Gesicht	*9
两	liǎng	Liang (50 Gramm)	3;*4
零	líng	null	*1
零下	língxià	unter Null	11
另外	lìngwài	außerdem	12
六	liù	sechs	*1
旅行	lǚxíng	reisen	11
旅游鞋	lǚyóuxié	die Sportschuhe / Wanderschuhe	*3
绿	lǜ	grün	*3
妈妈	māma	Mama	5
麻婆豆腐	mápó dòufu	scharfer Tofu	*4
马路	mǎlù	die Straße	8
吗	ma	Fragewort	1
买	mǎi	kaufen	3
卖	mài	verkaufen	3
忙	máng	beschäftigt	*11
毛	máo	10 chinesische Cent	*3
毛衣	máoyī	der Pullover	3
没（有）	méi (yǒu)	kein- / nicht	4
没关系	méi guānxi	Das macht nichts	*1
每天	měi tiān	jeden Tag	7
美国	Měiguó	Amerika	1
美国人	Měiguórén	Amerikaner/in	1
妹妹	mèimei	die jüngere Schwester	*5
门	mén	die Tür	*12
米饭	mǐfàn	der Reis	4
秘书	mìshū	der/die Sekretär-in	*5
面包	miànbāo	die Nudeln	*3
面条	miàntiáo	die Nudel	*4
明天	míngtiān	morgen	*2
蘑菇	mógu	der Pilz	*3
母亲	mǔqīn	die Mutter	*5
哪	nǎ	welche (welcher/welches)	1
哪儿	nǎr	wo	5
那	nà	dort / jene	3
那儿	nàr	wo	7
奶奶	nǎinai	die Großmutter	*5
南	nán	Süden	*7
呢	ne	eine Aussage als Frage formuliert, zurück geben	1
能	néng	können	4
你	nǐ	du	1
年纪	niánjì	das Alter	*5
您	nín	Sie	1
牛奶	niúnǎi	die Milch	*3
牛仔裤	niúzǎikù	die Jeans	*3

女儿	nǚ'ér	die Tochter	*5
暖和	nuǎnhuo	warm	*11
爬山	pá shān	klettern / wandern	*10
怕	pà	befürchten	7
盘	pán	der Teller	4
盘子	pánzi	der Teller	*4
旁边	pángbiān	neben	8
胖	pàng	dick	*5
朋友	péngyou	der Freund / die Freundin / die Freunde	*2;6
皮鞋	píxié	die Lederschuhe	*3
啤酒	píjiǔ	das Bier	*3
便宜	piányi	billig	3
漂亮	piàoliang	hübsch	5
苹果	píngguǒ	der Apfel	3
葡萄	pútáo	die Trauben	*3
七	qī	sieben	*1
妻子	qīzi	die Ehefrau	*5
骑	qí	(Rad) fahren	*7
汽车	qìchē	das Auto	*11
气温	qìwēn	die Lufttem-peratur	11
钱	qián	das Geld	3
前（边）	qián(bian)	vor	*8
前天	qiántiān	vorgestern	*2
浅	qiǎn	hell	12
晴	qíng	sonnig	*11
请	qǐng	bitte	4
请问	qǐng wèn	Entschuldigen Sie bitte	6
秋天	qiūtiān	der Herbst	*11
去	qù	gehen	2
然后	ránhòu	danach	*7
热	rè	heiß	*11
人	rén	Personen	1
人行横道	rénxíng héngdào	der Fußgängerstreifen	*7
日本	Rìběn	Japan	*1
日本人	Rìběnrén	Japaner / Japanerin	*1
肉	ròu	das Fleisch	12
软炸里脊	ruǎnzhá lǐji	weich gebratenes Schweinefilet	4
三	sān	drei	*1
三十	sānshí	dreißig	*1
三十一	sānshíyī	einunddreißig	*1
三鲜汤	sānxiāntāng	Dreierlei Suppe	4
散步	sànbù	spazieren	*10
沙发	shāfā	das Sofa	*12
商店	shāngdiàn	das Geschäft	6

上（边）	shàng(bian)	oben	8
上（菜）	shàng(cài)	(Speisen) bringen/auftragen	4
上班	shàngbān	zur Arbeit gehen	*2;7
上个星期	shàng gè xīngqī	letzte Woche	11
上课	shàngkè	zum Unterricht gehen	*9
上网	shàngwǎng	online gehen /mit dem Internet verbinden	10
上午	shàngwǔ	der Vormittag	*2
稍等	shāo děng	Einen Moment, bitte!	6
勺子	sháozi	der Löffel	*4;12
深	shēn	dunkel	12
什么	shénme	was	3
生病	shēngbìng	krank	*9
十	shí	zehn	*1
十二	shí'èr	zwölf	*1
十九	shíjiǔ	neunzehn	*1
十三	shísān	dreizehn	*1
十四	shísì	vierzehn	*1
十一	shíyī	elf	*1
十字路口	shízì lùkǒu	die Kreuzung	*7
是	shì	sein	1
试	shì	probieren	3
收拾	shōushi	aufräumen	*12
手	shǒu	die Hand	*9
瘦	shòu	eng	*3
书	shū	das Buch	8
蔬菜	shūcài	das Gemüse	12
书房	shūfáng	das Arbeitszimmer	*12
舒服	shūfu	sich wohl fühlen	*9
书柜	shūguì	der Bücherschrank	8
帅	shuài	fesch (nur Männer)	5
双	shuāng	ein Paar	*4
谁	shuí	wer?	5
水果	shuǐguǒ	das Obst	12
睡觉	shuìjiào	schlafen	*2
说	shuō	sprechen	9
司机	sījī	der/die Fahrer-in	*5;7
四	sì	vier	*1
松鼠鳜鱼	sōngshǔ guìyú	Mandarinfisch mit süß-saurer Sauce	*4
酸辣汤	suānlàtāng	sauerscharfe Suppe	4
岁	suì	Jahre (Lebensjahre)	5
他	tā	er	*1;5
她	tā	sie	6
他们	tāmen	sie	5
台灯	táidēng	die Tischlampe	*12
太	tài	zu	3
汤	tāng	die Suppe	*4
糖醋鱼	tángcùyú	süß-saurer Fisch	*4

套	tào	Zählwort	*3
套裙	tàoqún	das Kostüm	*3
疼	téng	weh tun	9
天气	tiānqì	das Wetter	11
天气预报	tiānqì yùbào	der Wetterbericht / die Wettervorhersage	11
条	tiáo	Zählwort	*3
听说	tīngshuō	hören	8
停	tíng	anhalten	7
头	tóu	der Kopf	*9
头疼	tóuténg	die Kopfschmerzen	9
腿	tuǐ	das Bein	*9
外（边）	wài(bian)	außerhalb	*8
碗	wǎn	die Schale	4
晚	wǎn	später	12
晚饭	wǎnfàn	das Abendessen	*2
晚上	wǎnshang	der Abend	*2
往	wǎng	in Richtung	7
网球	wǎngqiú	das Tennis	10
位	wèi	Zählwort (Menschen)	6
喂	wèi	Hallo	6
味精	wèijīng	der Geschmacksverstärker	4
为什么	wèishénme	warum	7
卫生间	wèishēngjiān	das Bad	12
问题	wèntí	die Frage / das Problema	*12
我	wǒ	ich	1
卧室	wòshì	das Schlafzimmer	*12
五	wǔ	fünf	*1
西	xī	Westen	*7
西班牙	Xībānyá	Spanien	*1
西班牙人	Xībānyárén	Spanier / Spanierin	*1
西班牙语	Xībānyáyǔ	Spanisch	*10
西服	xīfú	der Anzug	*3
西红柿	xīhóngshì	die Tomate	*3
西兰花	xīlánhuā	der Broccoli	*3
洗	xǐ	waschen / spülen	12
喜欢	xǐhuan	mögen	9
下（边）	xià(bian)	unter	8
下班	xiàbān	Feierabend machen	*2;10
下午	xiàwǔ	der Nachmittag	*2
下雪	xià xuě	schneien	*11
下雨	xià yǔ	es regnet	11
夏天	xiàtiān	der Sommer	*11
先生	xiānsheng	Herr	*1
现在	xiànzài	jetzt	2
香菜	xiāngcài	der Koriander	*4
小	xiǎo	klein	3

小姐	xiǎojiě	Fräulein	*1
些	xiē	etwas / einiges	12
谢谢	xièxie	Danke	*1
新	xīn	neu	8
星期	xīngqī	Woche	2
行	xíng	O.K.	3
姓	xìng	der Familienname	1
修	xiū	reparieren	10
休息	xiūxi	ausruhen	9
学	xué	lernen / studieren	*10
学校	xuéxiào	die Schule	5
牙	yá	der Zahn / die Zähne	*9
颜色	yánsè	die Farbe	*3
眼睛	yǎnjing	die Augen	*9
洋葱	yángcōng	die Zwiebel	*3
药	yào	das Medikament	9
要	yào	Ich möchte...	7;12
要	yào	wollen	3
药店	yàodiàn	die Apotheke	*9
钥匙	yàoshi	der Schlüssel	*8
爷爷	yéye	der Großvater	*5
也	yě	auch	1
一	yī	eins	*1
衣服	yīfu	die Kleidung	12
衣柜	yīguì	der Kleiderschrank	*8
医生	yīshēng	der Arzt/ die Arztin	*5;9
医院	yīyuàn	das Krankenhaus	*5;9
以后	yǐhòu	danach	10
椅子	yǐzi	der Stuhl	*8
一百	yìbǎi	hundert	*1
(一) 点儿	(yì)diǎnr	ein bisschen	3
一共	yígòng	insgesamt	3
一起	yìqǐ	zusammen	*9;10
一下儿	yíxiàr	ein wenig / ein bisschen	12
一直	yìzhí	immer geradeaus	7
阴	yīn	bedeckt	*11
银行	yínháng	die Bank	*6
英国	Yīngguó	Großbritannien	1
英国人	Yīngguórén	Brite / Britin	1
英语	Yīngyǔ	Englisch	*10
游泳	yóuyǒng	schwimmen	*10
游泳馆	yóuyǒngguǎn	das Schwimmbad	*10
有	yǒu	haben	3
有时候	yǒushíhou	manchmal/ab und zu	10
有雾	yǒu wù	neblig	*11
有一点儿	yǒuyìdiǎnr	haben ein bisschen	9
右	yòu	rechts	7

鱼	yú	der Fisch	*4
雨	yǔ	der Regen	11
雨伞	yǔsǎn	der Regenschirm	11
语言学校	yǔyán xuéxiào	die Sprachschule	*10
原来	yuánlái	ursprünglich	8
远	yuǎn	weit	*7
月	yuè	Monat	2
熨	yùn	bügeln	12
杂志	zázhì	die Zeitschrift	8
在	zài	in...sein	5
再	zài	wieder (noch einmal, und noch)	4
再见	zàijiàn	Auf Wiedersehen	*1
早上	zǎoshang	der Morgen	*2
怎么	zěnme	wie	3
怎么了	zěnme le	Was ist los?	9
怎么样	zěnmeyàng	wie gefällt dir das?	8
张	zhāng	Zählwort	4
丈夫	zhàngfu	der Ehemann	*5
找	zhǎo	suchen	6
这	zhè	diese-	
这儿	zhèr	hier	7
只	zhī	Zählwort	*4
知道	zhīdào	wissen	7
职员	zhíyuán	der/die Angestellte	*5
中国	Zhōngguó	China	*1
中国人	Zhōngguórén	der Chinese /die Chinesin	*1
中间	zhōngjiān	in der Mitte	*8
中文	Zhōngwén	das Chinesisch	8
中午	zhōngwǔ	der Mittag	*2
周末	zhōumò	das Wochenende	10
桌子	zhuōzi	der Tisch	8
自行车	zìxíngchē	das Fahrrad	*7
总是	zǒngshì	immer	*10
走	zǒu	fahren/gehen	7
走着	zǒuzhe	zu Fuß gehen	7
嘴	zuǐ	der Mund	*9
昨天	zuótiān	gestern	*2
左	zuǒ	links	*7
坐	zuò	sitzen (hier: nehmen)	*7
做	zuò	machen	5
做饭	zuò fàn	kochen	*10

日常生活用语一百句
Alltagssprache mit 100 Sätzen

基本礼貌用语

中文	Deutsch	Seite
你好！	Guten Tag.	6
你好吗？	Wie geht es Ihnen / dir? Wie geht es?	6
我很好。你呢？	Es geht mir sehr gut. / Sehr gut. Und Ihnen? / Und dir?	11
谢谢。	Danke!	15
不客气。	Bitte.	15
对不起。	Entschuldigung.	15
没关系。	Macht nichts.	15
再见。	Auf Wiedersehen!	15

个人信息

中文	Deutsch	Seite
您贵姓？	Wie heißen Sie?	7
我姓宋，叫宋丽丽。	Mein Familienname ist Song und mein Vorname ist Lili.	7
您是英国人吗？	Sind Sie Brite? / Sind Sie Britin?	11
我不是英国人。	Ich komme nicht aus Großbritannien	11
您是哪国人？	Woher kommen Sie?	11
我是德国人。	Ich komme aus Deutschland.	13
你在哪儿工作？	Wo arbeitest du? / Wo arbeiten Sie?	58
他在学校工作，他是老师。	Er arbeitet in einer Schule. Er ist Lehrer.	58
你家有几口人？	Wie viele Personen gibt es in deiner / Ihrer Familie?	58
你今年多大？	Wie alt bist du (dieses Jahr)? / Wie alt sind Sie (dieses Jahr)?	63
我今年30岁。	Ich bin (dieses Jahr) 30 Jahre alt.	63
你有姐姐吗？	Hast du eine ältere Schwester?	65
你姐姐很漂亮。	Deine ältere Schwester ist sehr hübsch.	64

时间

中文	Deutsch	Seite
现在几点？	Wieviel Uhr ist es jetzt? Wie spät ist es jetzt?	20
现在六点半。	Es ist jetzt halb sieben (Uhr).	21
你几点回家？	Wann kommst du nach Hause?	21
今天几号？	Welcher Tag ist heute? / Der wievielte ist heute?	24
今天八月八号。	Heute ist der achte August.	24
十三号是星期几？	Was für ein Tag ist der dreizehnte?	24
你几号去上海？	Am wievielten gehst du nach Shanghai?	25

方位

中文	Deutsch	Seite
我的书呢？	Wo ist denn mein Buch?	93
书在桌子上边。	Das Buch ist auf dem Tisch	95
你的新家在哪儿？	Wo ist deine neue Wohnung?	97
在朝阳公园旁边。	Neben dem Chao Yang Park.	97
那儿怎么样？	Wie gefällt es dir dort?	98
马路对面有一个公园。	Gegenüber ist ein Park.	98
（公园）附近还有一个大超市。	In der Nähe (vom Park) gibt es noch einen großen Supermarkt.	98
银行在商店对面。	Die Bank ist gegenüber dem Geschäft.	100

购物

（苹果）多少钱一斤？	Wie viel kostet ein Pfund Äpfel?	31
太贵了，便宜点儿，行吗？	Das ist zu teuer. Geht es nicht billiger?	32
我买苹果。	Ich möchte Äpfel kaufen.	32
一共多少钱？	Wie viel macht das insgesamt?	32
那件毛衣怎么卖？	Wie viel kostet jener Pullover?	37
我试试，行吗？	Kann ich den anprobieren?	37
有红的吗？	Haben Sie den auch in rot?	37
这件毛衣太小了，有大的吗？	Dieser Pullover ist zu klein, haben Sie den größer?	37

就餐

这是菜单，请点菜。	Hier bitte, die Speisekarte. Was möchten Sie bestellen?	48
你喝什么？	Was trinken Sie?	48
还要别的吗？	Noch etwas Anderes?	47
要一个宫保鸡丁。	Ich möchte Hähnchen mit Erdnüssen, bitte.	48
请给我一张餐巾纸。	Bringen Sie mir bitte eine Serviette!	51
别放味精。	Bitte geben Sie keinen Geschmacksverstärker dazu!	51
能快点儿吗？	Beeilen Sie sich bitte!	52
小姐，结账。	Fräulein, bezahlen bitte!	52
这个菜打包。	Bitte packen Sie dieses Gericht ein!	52

出行

去大众公司怎么走？	Wie komme ich zur Firma Dazhong, bitte?	81
一直走。	Gehen / Fahren Sie immer geradeaus!	81
到红绿灯往右拐。	Biegen Sie bei der Ampel nach rechts ab!	81
您去哪儿？	Wohin möchten Sie?	82
到了，就停这儿吧。	Wir sind angekommen. Bitte halten Sie hier an!	82
请给我发票。	Geben Sie mir bitte eine Quittung!	82
你每天怎么去上班？	Wie gehst du jeden Tag zur Arbeit?	86
走着去上班。	Ich gehe zu Fuß zur Arbeit.	86
你家离公司很近吗？	Ist die Firma in der Nähe von deinem Zuhause?	86
走着去要四十分钟。	Zu Fuß brauche ich etwa 40 Minuten.	86

打电话

我找马丁。他在吗？	Ich möchte mit Martin sprechen. Ist er da?	71
是王先生吗？	Sind Sie Herr Wang?	71
请问卡特琳在吗？	Entschuldigen Sie bitte, ist Katherin da?	74
我是她的朋友张丽，请她给我回电话。	Ich bin eine Freundin von ihr. Ich heiße Zhang Li. Sagen Sie ihr bitte, sie soll mich zurückrufen.	75
您找谁？	Mit wem möchten Sie sprechen?	70
请稍等。	Einen Moment, bitte!	70
我就是。	Ich bin`s.	70
你打错了。	Sie haben falsch gewählt.	70

169

| 您（是）哪位？ | Wer sind Sie bitte? | 74 |
| 您的电话号码是多少？ | Wie ist Ihre Telefonnummer? | 75 |

看 病

你怎么了？	Was ist los mit dir?	106
你感冒了。	Du bist erkältet.	106
我有一点儿头疼。	Ich habe ein bisschen Kopfschmerzen.	106
吃（一）点儿药吧。	Nehmen Sie (ein wenig) Medikamente!	107
我不喜欢吃药。	Ich mag keine Medikamente nehmen.	107
我今天不能上班了。	Ich kann heute nicht zur Arbeit kommen.	110
你得多休息。	Sie müssen sich gut ausruhen!	110

业余生活

下班以后你常常做什么？	Was machst du normalerweise nach dem Feierabend?	122
有时候打网球。	Manchmal spiele ich Tennis.	122
一个星期几次？	Wie oft pro Woche?	122
这周末你有空吗？	Hast du an diesem Wochenende Zeit?	123
我们一起打网球吧。	Lass uns zusammen Tennis spielen!	123
你会修电脑吗？	Kannst du Computer reparieren?	117
他（修电脑）修得很好。	Er kann sehr gut reparieren	117
我会一点儿。	Ich kann das ein bisschen.	117
我的电脑坏了，不能上网了。	Mein Computer ist kaputt. Ich kann nicht mit dem Internet verbinden.	118

谈天气

那儿的气温是多少度？	Wie sind die Lufttemperaturen dort?	131
那儿的天气太冷了。	Das Wetter dort ist zu kalt.	131
（那儿）零下二十二度。	22 Grad Celsius unter Null.	131
（那儿）比北京冷多了。	Viel kälter als in Beijing.	131
今天会下雨吗？	Wird es regnen?	135
天气预报说今天有大雨。	Der Wetterbericht meldet für heute starken Regen.	135
我没带雨伞。	Ich habe keinen Regenschirm mitgenommen.	135
昨天晚上下雪了。	Gestern abend hat es geschneit.	137

谈家务

阿姨，请把桌子擦一下儿。	„Tante", bitte wischen Sie den Tisch ab.	142
深颜色的和浅颜色的要分开洗。	Die dunklen und die hellen Sachen müssen getrennt gewaschen werden.	143
把这些筷子、勺子、碗放到桌子上。	Leg diese Essstäbchen und die Löffel auf den Tisch und stell die Schalen auf den Tisch!	146

郑 重 声 明

高等教育出版社依法对本书享有专有出版权。任何未经许可的复制、销售行为均违反《中华人民共和国著作权法》，其行为人将承担相应的民事责任和行政责任，构成犯罪的，将被依法追究刑事责任。为了维护市场秩序，保护读者的合法权益，避免读者误用盗版书造成不良后果，我社将配合行政执法部门和司法机关对违法犯罪的单位和个人给予严厉打击。社会各界人士如发现上述侵权行为，希望及时举报，本社将奖励举报有功人员。

反盗版举报电话：（010）58581897/58581896/58581879

传　　真：（010）82086060

E - mail： dd@hep.com.cn

通信地址：北京市西城区德外大街4号
　　　　　高等教育出版社打击盗版办公室

邮　　编：100120

购书请拨打电话：（010）58581118

Alleinvertrieb in Deutschland, Österreich, Schweiz

durch CBT China Book Trading GmbH, Max-Planck-Str. 6A

D-63322 Rödermark, Deutschland

Tel.: (+49)06074-95564   Fax: (+49)06074-95271

E-Mail: post@cbt-chinabook.de

www.cbt-chinabook.de

图书在版编目（CIP）数据

体验汉语．生活篇：德语版 / 朱晓星等编 .—北京：高等教育出版社，2006.5（2020.4 重印）
40~50课时
ISBN 978-7-04-019054-0

Ⅰ．体… Ⅱ．朱… Ⅲ．汉语－对外汉语教学－教材 Ⅳ．H195.4

中国版本图书馆 CIP 数据核字（2006）第 045521 号

出版发行	高等教育出版社	咨询电话	400-810-0598
社　　址	北京市西城区德外大街4号	网　　址	http://www.hep.edu.cn
邮政编码	100120		http://www.hep.com.cn
印　　刷	北京信彩瑞禾印刷厂	网上订购	http://www.landraco.com
开　　本	889×1194　1/16		http://www.landraco.com.cn
印　　张	11.25		
字　　数	350 000	版　　次	2006年5月第1版
购书热线	010-58581118	印　　次	2020年4月第11次印刷

如有印装等质量问题，请到所购图书销售部门联系调换。　ISBN 978-7-04-019054-0
版权所有　侵权必究　　　　　　　　　　　　　　　　06800
物料号　19054-00